Kerstin Diacont

Reiten ohne Angst

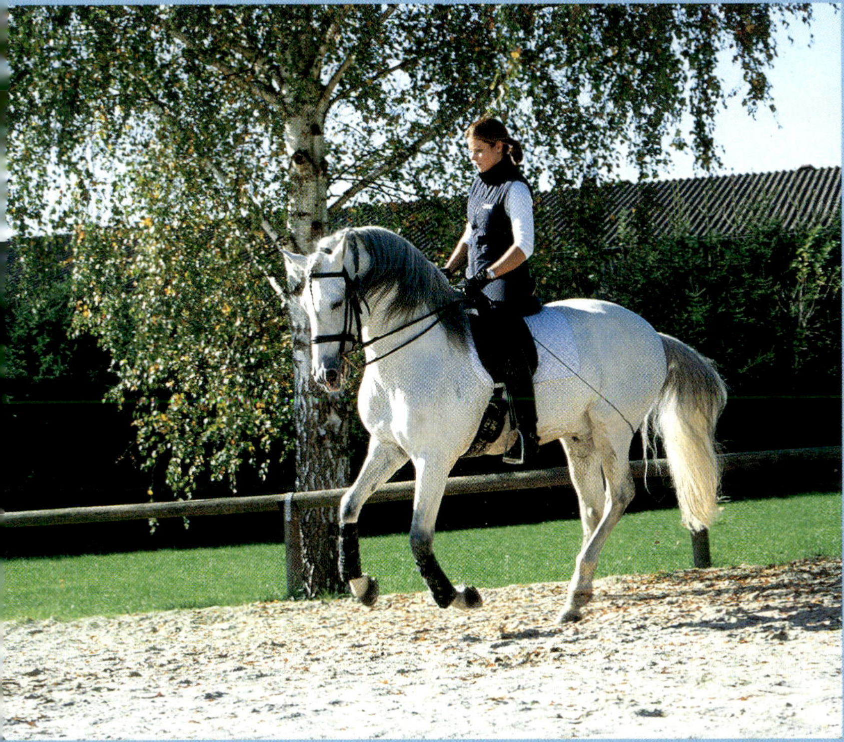

Reiten ohne Angst

Kerstin Diacont

BLV
Freizeit *REITEN*

Inhalt

Zum Thema

Sichere Kontrolle – angstfreies Reiten – stressfreier Umgang

Sicher hat jeder Reiter in seinem Reiterleben schon öfter Angst gehabt. Vom leisen Unbehagen auf einem fremden Pferd, dessen Reaktionen man noch nicht kennt, bis zur echten Panik, wenn ein Pferd tatsächlich unkontrollierbar wurde, gibt es da genügend Abstufungen. Als Angstverstärker für den Menschen kommt hinzu, dass das Pferd als Fluchttier einen ganzen Sack voll eigener Ängste mit sich herumschleppt, die in explosiven Reaktionen wie Scheuen, Bocken oder Davonlaufen (Durchgehen) resultieren können. Mit diesen Ängsten müssen Sie sich als Reiter und Pferdehalter auseinandersetzen. Sie müssen sie unter Kontrolle bringen, wenn Ihnen Ihre Gesundheit lieb ist und wenn Sie selbst angstfrei reiten wollen.

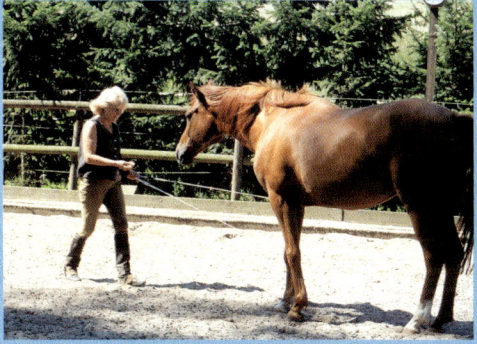

Nun gibt es die Hartgesottenen, die ihre Angst niemals zugeben würden. Solche, die versuchen, mit immer härteren Zwangsmaßnahmen und Hilfszügel-Verschnürungen oder scharfen Gebissen ein Pferd zu kontrollieren und damit Ihre eigene nicht eingestandene Angst zu reduzieren.

Andere verstecken sich hinter der Angst und trauen sich nicht, dem Pferd Grenzen zu setzen, es konsequent zu erziehen, aus Sorge, sie könnten mit der Reaktion des Pferdes auf ihre Erziehungsmaßnahmen nicht mehr umgehen.

Beide Extreme sind kontraproduktiv für eine konstruktive Angstbewältigung. Das gilt sowohl für die Angstbewältigung beim Pferd als auch für die beim Reiter. Das Pferd wird durch eine inkonsequente, lasche Erziehung, aber auch durch unnötige und ungerechte Härte verunsichert und kann kein Vertrauen zum Menschen entwickeln. Der Mensch kann im Gegenzug kein Vertrauen zum Pferd aufbauen, denn es bleibt für ihn teilweise unberechenbar und oft unkontrollierbar, wenn es seinem Reiter nicht vertraut.

Praxis-Wissen

Das vorhandene Risiko

Gewisse Bedenken, die man als Reiter im Umgang mit einem »Energiebündel« wie dem Pferd haben mag, sind durchaus berechtigt. Der Reitsport und der Umgang mit Pferden bergen durchaus Risiken. Doch durch den Erwerb von Wissen und Erfahrung sowie durch praktische Übungen und Training können das vorhandene Risiko stark eingeschränkt und Ängste abgebaut bzw. verhindert werden.

Angst spielt im Pferdesport von zwei verschiedenen Seiten eine Rolle. Zum einen von der Seite des Pferdes und zum anderen von der Seite des Reiters. Beide haben ein ganzes Repertoire an – oft ähnlichen – Ängsten aufzuweisen.

Folgende Themen sind für uns als »Pferdemenschen« hinsichtlich der praktischen Angstbewältigung besonders interessant: Ängste verstehen und akzeptieren – Risiken und Angstauslöser erkennen – durch bedachtes Handeln und eine gute Ausbildung Risiken vermindern und die Angst bewältigen.

Der Grund für die Angst

Warum haben Mensch und Pferd Angst? Die Antwort auf diese Frage ist einfach und lautet: Angst ist lebensnotwendig. Die Angst hat sowohl dem Pferd als auch dem Menschen ermöglicht zu überleben. Ängste sind eine Art Frühwarnsystem für potenzielle Lebensgefahren. Das gilt insbesondere für das primitive Angstsystem, das limbische System. Es ist nicht bewusst kontrollierbar und kann bei einer Bedrohung zwei verschiedene Impulse geben, die unterschiedliche Reaktionsmuster hervorrufen: Das eine Schema ist eine Angst-Flucht-Panik-Reaktion, das andere die Angst-Kampf-Wut-Reaktion. Welches der beiden Muster zum Tragen kommt, ist abhängig von der Situation. Interessant ist in diesem Zusammenhang jedoch die nahe Verwandtschaft von Wut und Panik – es sind nämlich beides starke

! Angst

Angst ist lebensnotwendig und dient der Risikominderung.

Angstreaktionen. Wenn Sie einen Reiter sehen, der blind vor Wut auf sein Pferd einschlägt, so können Sie davon ausgehen, dass er prinzipiell Angst vor diesem Pferd hat und die unkontrollierte Angst-Kampf-Wut-Reaktion die Oberhand bekommen hat. Auch Pferde besitzen ein solches primitives Angstsystem und neigen grundsätzlich zu den gleichen Verhaltensmustern aus diesem System wie der Mensch.

Das primitive Angstsystem von Mensch und Pferd gibt dauernd Signale für potenzielle Gefahr. Diese Signale können weder Mensch noch Pferd komplett ausschalten. Die Angstimpulse können jedoch in einem anderen (bewussteren) Angstsystem gefiltert und bewertet werden. Dadurch wird es möglich, bewusst zu reagieren und einen Angstimpuls zu ignorieren oder zu modifizieren. Der bewusste »Bewertungsfilter« versetzt den Menschen in die Lage, seine Angst zu kontrollieren und nicht in allen Fällen reflexartig zu reagieren.

Die fluchtbereite Alarmhaltung des Pferdes mit hochgerissenem Kopf.

Auch das Pferd kann lernen, seiner Angst nicht durch einen instinktiven Flucht- oder Kampfreflex nachzugeben, sondern »sich zu beherrschen«. Genau dies wird durch die Erziehungs- und Angstbewältigungsprogramme bei der Ausbildung des Pferdes erreicht.

Angstauslöser

Die Ängste des Menschen – und damit die Angstauslöser – sind enorm vielfältig. Die Angst vor dem eigenen Tod und ihre Spielarten – die Angst vor dem Fallen (Gleichgewichtsverlust), vor Verletzungen, vor Bewegungsunfähigkeit – sind tief verwurzelt. Als soziales Wesen reagiert der Mensch auch mit Ängsten auf den Verlust eines nahestehenden Menschen oder auf soziale Isolation bzw. den Entzug von Anerkennung durch eine Gruppe.

! Reiter und Pferd haben Angst

Bei unsachgemäßer Ausbildung verstärken sich die Ängste von beiden. Es entsteht eine abwärts führende Spirale aus Unsicherheit, Angst und Gewalt.

Gute Ausbildung und eine entspannte Grundhaltung sind die Mittel gegen die Angst.

Schaut man sich die »Angstpalette« des Pferdes an, so sieht man viele Gemeinsamkeiten zu der des Menschen, denn beide sind soziale »Herdenwesen« mit ausgeprägter eigener Individualität. Die Hauptängste des Pferdes sind im Groben: Die Angst vor dem Tod (vor dem Gefressenwerden), die Angst vor Bewegungs- und damit Fluchtunfähigkeit, die Angst vor einer Isolation von der Herde sowie vor engem und unübersichtlichem Gelände bzw. vor engen, dunklen Räumen. Das Verständnis der Angstauslöser beim Pferd sowie die Kenntnis seiner Reaktionsschnelligkeit sind extrem wichtig für ein effektives und sicheres Angstbewältigungs- und Gewöhnungsprogramm.

Eine besondere Art der Angst ist beim Menschen die Angst vor dem Verlust der Kontrolle. Einer Situation nicht gewachsen zu sein, nicht zu wissen, was man tun soll, sich hilflos zu fühlen, keinen Ausweg zu sehen – all das löst mindestens Unbehagen, oft Angst und schlimmstenfalls Panik aus.

Problemkreise der Angst

Wir sehen uns beim Umgang mit Pferden und beim Reiten mit zwei fast deckungsgleichen Problemkreisen der Angst konfrontiert. Es scheint fast so, als ob Pferd und Reiter sich gegenseitig niemals vertrauen könnten, weil einer vor dem anderen Angst haben muss. Der Mensch hat Angst vor dem Verlust der Kontrolle (über das Pferd) und das Pferd hat Angst vor der Einschränkung seiner Beweglichkeit (durch den Menschen). Beide verfügen über ein primitives Angstsystem, das Überhand gewinnt, wenn es eine Gefahr für Leib und Leben zu erkennen glaubt, beide reagieren mit Panik oder mit Wut und Kampf.

Trotzdem funktioniert die Zusammenarbeit von Mensch und Pferd im Allgemeinen recht gut. Vor allem dann, wenn sich der Mensch psychologischer Tricks bedient, um seine eigenen Ängste und die des Pferdes kontrollierbar zu machen. Die Angst des Herdentieres Pferd vor Isolation, sein Bedürfnis nach sozialen Kontakten und das daraus resultierende Bedürfnis nach Halt und Sicherheit macht sich der »wissende« Mensch zunutze, um das Pferd an viele andere Angstauslöser zu gewöhnen und es zu desensibilisieren – und im Gegenzug keine Angst mehr vor dem Pferd haben zu müssen.

Angstimpulse kontrollieren – Angst bewältigen

Der Mensch verfügt über ein rationales Angstsystem, welches auf die Impulse aus dem primitiven System reagiert und diese prüft. Das rationale Angstsystem arbeitet deutlich langsamer als das primitive, aber auch sehr viel differenzierter. Und es ist fähig, dazu zu lernen. Mit dem rationalen Angstsystem sind wir in der Lage, Impulse aus dem limbischen System zu kontrollieren und zu modifizieren. Die primitiven Urängste des Menschen, wie die Angst zu fallen und die Angst die Kontrolle zu verlieren, können über das rationale Angstsystem gesteuert werden. Dieses System bezieht individuelle, persönliche Erfahrungen und erlernte oder ererbte Fähigkeiten in seine Erwägungen ein. Die Schlüsselfragen lauten: »Kann ich mit meinen Fähigkeiten mit dieser Situation umgehen, ohne Schaden zu nehmen?« und auch »Verträgt sich meine Reaktion mit den gesellschaftlichen Normen?«

Beim Pferd funktioniert das Prinzip ähnlich: Flucht- oder Kampfimpulse aus dem primitiven Angstsystem werden auf ihre soziale Verträglich-

> **! Hauptängste**
>
> Die Hauptängste bei Reiter und Pferd sind sehr ähnlich.
> Beim Pferd: Angst vor Bewegungs- und Fluchtunfähigkeit sowie Gleichgewichtsverlust, Angst vor dem »Gefressenwerden«, das heißt vor dem Tod.
> Beim Reiter: Angst vor dem Fallen, vor Verletzung und Tod, Angst vor Kontroll- und Gleichgewichtsverlust.

keit (in der Herde, im sozialen Umfeld) und hinsichtlich ihrer Durchführbarkeit überprüft und gegebenenfalls verworfen. Wenn einem Fluchtimpuls nachzugeben bedeuten würde, dass das Pferd an einem Alphatier vorbeidrängeln müsste, wird es diesem Impuls nicht nachgeben, denn es bezöge dann einen – meist schmerzhaften – Rüffel vom diesem.

Positive Kreisläufe in Gang setzen

Als Reiter müssen Sie das Pferd kontrollieren, weil sonst Ihr eigenes Angstsystem »Kontrollverlust-Alarm« gibt. Deswegen müssen Sie die Ängste des Pferdes kontrollieren, damit nicht das primitive Angstsystem des Pferdes die Kontrolle an sich reißt und das Pferd zu einer für uns Menschen unkontrollierbaren Reaktion verleitet. Psychologisches Grundwissen und »reittechnische« Fähigkeiten versetzen Sie in die Lage, Kontrolle auszuüben und damit Ihre eigene Angst zu reduzieren. Damit gewinnen Sie eine souveräne Sicherheit bei Ihren Handlungen. Je sicherer Sie selbst werden und wirken, desto angstfreier und vertrauensvoller wird auch das Pferd auf Sie reagieren. Ein positiver Kreislauf von Angstreduzierung und Sicherheit ist in Gang gesetzt.

Sitzschulung an der Longe bringt Sicherheit und reduziert die Angst des Reiters.

Ruhe bewahren – Druck und Forderungen reduzieren

Angst und damit verbundener Stress stehen in nachweisbarer Verbindung mit körperlichen Krankheiten und erhöhtem Verletzungsrisiko bei Mensch und Pferd. Auch Leistungsdruck kann Angst und negativen Stress verursachen und dadurch zu körperlichen Stress-Symptomen führen. Setzen Sie sich deswegen beim Reiten und beim Umgang mit dem Pferd nicht unter unnötigen Leistungsdruck, sondern gehen Sie es langsam an. Es ist keine Schande, nur

Schritt zu reiten, wenn man weiß, dass man sein Pferd oder seinen eigenen Sitz in schnelleren Gangarten noch nicht unter Kontrolle hat. Denken Sie immer darüber nach, was Sie und Ihr Pferd schon leisten können und was noch nicht. Bringen Sie dem Pferd nicht bei, sich gegen Ihre Forderungen zu wehren, weil es diese aufgrund seines Ausbildungsstandes noch nicht ausführen kann.

Kommunikation mit dem Pferd in dessen Sprache.

Angstbewältigung auf mehreren Ebenen

Grundsätzlich müssen Sie das Vorhandensein von Angst als gegeben akzeptieren. Die Bewältigung der Angst kann dann sowohl auf der psychischen Ebene durch Erziehung, vertrauensbildende Maßnahmen und psychische Entspannungsübungen als auch auf der physischen Ebene durch körperliche Entspannung erfolgen. Mensch und Pferd müssen inneres und äußeres Gleichgewicht erlangen, um Verspannungen zu vermeiden. Die Kommunikation zwischen Mensch und Pferd muss durch eine gute Ausbildung unmissverständlich werden, denn sonst entsteht ein Spannungszustand, der schließlich in nicht mehr kontrollierbaren Angstreaktionen enden kann.

Ängste verstehen und bewusst machen

Um ein Pferd sicher und artgerecht beherrschen zu können, müssen Sie die natürlichen Lebensumstände des Herden- und Fluchttieres Pferd und seine Sozialstruktur verstehen. Nur dann erkennen Sie kritische Situationen und Sicherheitsrisiken sowie die Gründe für »explosive Angstreaktionen« beim Pferd. Und Sie können lernen, darauf angemessen zu reagieren bzw. sie im Vorfeld zu vermeiden.

! Angst reduzieren

Die Angst wird durch den Erwerb von Wissen und Fähigkeiten sowie durch Gewöhnungsprogramme und Vertrauensaufbau zwischen Mensch und Pferd reduziert.

Eine gute Erziehung des Pferdes hilft Ihnen bei der Angstbewältigung. Ein gut und richtig erzogenes Pferd respektiert Sie und vertraut Ihnen. Vorher müssen Sie sich jedoch Ihrer eigenen Ängste bewusst werden und lernen damit umzugehen. Ihre Aufgabe in der Mensch-Pferd-Beziehung ist es, dem Pferd ein Sicherheitsgefühl zu vermitteln. Haben Sie selbst zuviel Angst, so erkennt das Pferd dies, verliert das Vertrauen und reagiert seinerseits mit noch mehr Angst. Das Dumme an den eigenen Ängsten ist jedoch, dass sie oft unbewusst sind. An der Reaktion Ihres Körpers können Sie sie allerdings erkennen. Angstreaktionen reichen von einer erhöhten Grundspannung im Körper bis hin zu einer schreckhaften Erstarrung, bei der Sie womöglich das Atmen vergessen.

Achten Sie bewusst auf Spannungszustände in Ihrem Körper, so können Sie sich mit etwas Übung auch bewusst entspannen und damit Ihre Angstreaktionen reduzieren. Feldenkraistechnik, progressive Muskelentspannung und autogenes Training bieten da gute Ansatzpunkte.

Kinder gehen meist völlig ohne Angst an Pferde heran.

Die psychische Ebene

Das innere Gleichgewicht erlangen

Ein Reiter muss lernen, sich emotional zu beherrschen. Er sollte auch die der Angst verwandten Emotionen wie Wut und Jähzorn kontrollieren können. Nur, wenn Sie beim Umgang mit dem Pferd immer beherrscht, konsequent und folgerichtig handeln, haben Sie auf Dauer Erfolg. Das Kommunikationssystem mit dem Pferd ist in sich logisch aufgebaut und berücksichtigt anatomische und psychologische Grundsätze. Inkonsequenz, Ungerechtigkeit und Unbeherrschtheit setzen die Logik des Systems teilweise außer Kraft und verunsichern das Pferd. Ein unsicheres Pferd lässt sich viel leichter erschrecken als ein Pferd, welches seinem Reiter vertraut.

Kommunikation und Erziehung

Nicht nur das innere Gleichgewicht des Reiters muss stimmen, auch das innere Gleichge-

Respekt und Vertrauen sind die Grundpfeiler guter Kommunikation.

wicht des Pferdes muss durch Ausbildung erreicht werden. Dazu ist es nötig, dem Pferd die richtigen Signale zu übermitteln. Ein gutes Verständigungssystem ist gefragt. Richtige Kommunikation mit dem Pferd ist jedoch nur möglich, wenn Sie wissen, welche Art von Signalen das Pferd versteht. Als Reiter müssen Sie vorhandene Kommunikationsgrundmuster des Pferdes kennen und für die Verständigung nutzen. Das Pferd kann Sie nicht verstehen, wenn Sie nicht in »seiner Sprache« zu ihm reden. Die Pferdesprache an sich ist einfach und klar und kann vom Menschen leicht gelernt werden. Sie beschränkt sich auf einige einfache Regeln, wer wem auszuweichen hat (siehe Abschnitt Ausweichregeln, Seite 19).

Zwei Grundsätze sind bei der Kommunikation mit Pferden besonders wichtig:

➤ 1. Handeln Sie immer konsequent und nehmen Sie nie eine einmal getroffene Entscheidung bzw. eine gestellte Forderung zurück.

➤ 2. Vermenschlichen Sie das Pferd nicht.

! Grundsatz

Handeln Sie immer beherrscht, konsequent und folgerichtig.

Ein Pferd reagiert unsicher, ängstlich und im schlimmsten Fall auch aufsässig, wenn es nicht versteht, was der Mensch von ihm will. Geben Sie widersprüchliche Signale oder reagieren heute so und morgen anders,

verunsichern Sie das Pferd noch stärker. Es hat keine Orientierungsrichtlinien mehr und tut, was es selbst für richtig und sicher hält, weil Sie ihm als menschliches Alphatier keinen Halt und keine Sicherheit geben. Es wird dann für Sie unberechenbar, teilweise »unlenkbar« und deswegen gefährlich. Aus der Unberechenbarkeit des Pferdes resultiert die durchaus berechtigte Angst des Reiters vor dem Verlust der Kontrolle über das Pferd.

Das gemeinsame Gleichgewicht von Reiter und Pferd ist besonders im Galopp in Schwebephase und Einbeinstütze recht instabil. Die Angst vor dem Gleichgewichtsverlust ist also durchaus berechtigt.

Die körperliche Ebene

Das äußere Gleichgewicht erlangen

Im zweiten wichtigen Teil des Lernprogramms zur Angstbewältigung soll die Balance in der Bewegung erlangt werden. Der Reiter muss sein »dynamisches Gleichgewicht« in den verschiedenen Gangarten des Pferdes finden. Bei diesem sportlich-körperlichen Aspekt der Angstbewältigung geht es darum, Muskelgruppen zu trainieren, die speziell beim Reiten beansprucht werden. Fehlende Balance und mangelndes Körpergefühl des Reiters führen zu Verkrampfungen, Sitz- und daraus folgenden Verständigungsproblemen. Sie lösen die Angst vor dem Herunterfallen aus.

> **! Angst-reduzierung**
>
> Durch eine gute Ausbildung und konsequente Erziehung des Pferdes sowie vertrauensbildende Maßnahmen bekommt der Mensch das Pferd und dessen Ängste »in den Griff«. Explosive Reaktionen des Pferdes, die wiederum Angstreaktionen des Menschen hervorrufen können, sind dann oft vorhersehbar und deswegen mit rechtzeitigen Gegenmaßnahmen vermeidbar.

Training

Verbessern Sie Körpergefühl, Reaktionen und Beobachtungsgabe, dann können plötzliche Aktionen des Pferdes Sie nicht mehr so schnell aus dem Konzept bringen.

Zudem kann der falsch oder verkrampft sitzende Reiter sein Pferd nicht lösen und deswegen nicht in eine anatomisch richtige Haltung bringen. Eine falsche Haltung des Pferdes verhindert wiederum dessen körperliche Entspannung, es ist deshalb immer auch psychisch gespannt und neigt eher zu »Seitensprüngen« als ein lockeres Pferd. Ein kleiner Einblick in die anatomischen Gegebenheiten von Pferd und Mensch hilft Ihnen beim Verständnis und beim Training bestimmter Bewegungsabläufe und Sitzpositionen, die für das Reiten wichtig sind. Sie erkennen dann, welche Haltung für das Pferd anzustreben ist, um es möglichst locker und spannungsfrei zu reiten.

Reaktionen und Reflexe trainieren, bewusst und genau beobachten

Da das Pferd uns Menschen in Bezug auf Körperkraft und Reaktionsschnelligkeit deutlich überlegen ist, müssen Sie als Reiter Ihre eigenen Reflexe und Ihre Beobachtungsgabe trainieren, um durch eine unkontrollierte Bewegung des Pferdes nicht das Gleichgewicht zu verlieren und um unerwünschte Aktionen des Pferdes im Ansatz zu erkennen und zu unterbinden. Das bewusste Sehen, das aufmerksame Beobachten, können Sie genauso erlernen und verbessern, wie Sie Ihre Reflexe sicherer und schneller machen können. Beides hilft Ihnen bei der Angstbewältigung. Beschäftigen Sie sich am besten mit allen Teilaspekten zum Thema Angst so ausführlich wie möglich. Das kostet Zeit und oft auch Nerven. Doch es zahlt sich aus, denn je mehr Sie wissen und verstehen, desto besser und feiner und sicherer ist Ihre Kommunikation mit dem Pferd und daraus folgend Ihre Kontrolle über das Pferd.

Spannung

Ein verspannter Reiter hat immer ein verspanntes Pferd. Und ein verspanntes Pferd neigt zu explosiven Reaktionen, mit denen es die Spannung reduziert.

Sowohl das Pferd als auch der Reiter müssen in einer der Psychologie und Anatomie angemessenen Weise trainieren. Nur dann fühlen sich Mensch und Pferd wohl miteinander und es entsteht echtes Vertrauen zwischen beiden. Das Vertrauen bedingt Sicherheit und Kontrolle, reduziert also die Angst sowohl beim Reiter als auch beim Pferd.

Wissen und Fähigkeiten erwerben

Psychologisches Grundwissen – Pferdeängste und -verhalten verstehen
Wie verhält sich ein Pferd in seiner natürlichen Umgebung und was bedeutet das für die sichere Kontrolle des Pferdes?
Das Pferd ist ein Herdentier. Die Herde bietet ihm Sicherheit und soziale Kontakte. Im Gegenzug muss sich jedes Herdenmitglied den Gesetzen der Herde unterwerfen. Eine Rangordnung, an deren Spitze die Ranghöchsten – die Stärksten und Klügsten – stehen, sichert das Überleben der schwächeren und jungen Tiere. Die ranghohen Tiere bestimmen, wann und wohin sich die Herde bewegt, wann Flucht angesagt ist und wann gefressen werden darf. Ein ranghohes Tier genießt sowohl den Respekt als auch das Vertrauen der nachrangigen.
Die Regeln in der Herde können Sie als Mensch nutzen, um Ihr Pferd zu erziehen und zu kontrollieren. Sie müssen nur dem Pferd klarmachen, dass Sie der Ranghöchste, das Alphatier sind. Das geht am besten bei der Bodenarbeit. Am Boden müssen Sie eine Art von Angst nicht haben, nämlich die vor dem Herunterfallen. Imitieren Sie das typische Verhalten eines ranghohen Pferdes. Dazu müssen Sie Autorität ausstrahlen und wissen, wie Sie Forderungen durchsetzen. In der Herde gelten gewisse Ausweichregeln, die Sie sich zunutze machen können, um aus der Sicht Ihres Pferdes eine ranghohe Position zu erreichen.

Drei wichtige Ausweichregeln

1. Regel: Ranghohe Tiere können jedes rangniedere Tier von seinem Platz vertreiben, auch von Futterplätzen und Wasserstellen. Rangniedere Tiere müssen ausweichen. Können Sie das Pferd dazu bringen, Ihnen auszuweichen, haben Sie die erste Runde im »Rangordnungsspiel« gewonnen. Können Sie dazu noch die genaue Richtung bestimmen, in die das Pferd ausweicht, sowie nur die Vorhand oder nur die Hinterhand des Pferdes einzeln steuern, dann haben Sie Ihr Pferd grundsätzlich unter Kontrolle.

2. Regel: Rangniedere Tiere dürfen ranghohe nicht überholen, wenn die Herde sich bewegt. Damit ist sichergestellt, dass die Richtung von denen bestimmt wird, die die meiste Erfahrung haben und die Herde mit ziemlicher Wahrscheinlichkeit nicht ins Verderben führen. Diese Regel gilt in der Mensch-Pferd-Beziehung vor allem beim Führen des Pferdes: Es darf nicht an Ihnen vorbeidrängeln, sollte sich jedoch auch nicht ziehen lassen. Es soll Ihnen vielmehr aufmerksam folgen und auf Ihre Bewegungen achten.

Die entspannte Fresshaltung des Pferdes mit gedehnter Oberlinie.

3. Regel: Ranghohe Pferde können rangniedere auch von hinten treiben und auf diese Art deren Bewegungsrichtung steuern. Das gilt vor allem für den Leithengst einer Herde. Sie können ein Pferd also auch von hinten führen – bei der Bodenarbeit und an der Longe bzw. am langen Strick. Vom Sattel aus tun Sie es im Prinzip sowieso, denn mit Ihrer Position im Sattel imitieren Sie die treibende Position des Leithengstes.

Können Sie das Pferd durch Ausweichübungen dirigieren, dann hat es sowohl Respekt vor Ihnen als auch Vertrauen zu Ihnen.

Das Pferd ist als friedlicher Pflanzenfresser zudem **ein Fluchttier.** Fluchtgründe sind normalerweise Raubtiere, deren Annäherung rechtzeitig bemerkt werden muss. Deswegen können die Ohren ge-

! Respekt und Vertrauen

Respekt und Vertrauen des Pferdes dem Menschen gegenüber machen es möglich, ein Pferd zu kontrollieren und sich sicher auf seinem Rücken zu bewegen.

19

Pferde sind von Natur aus neugierig.

dreht werden, um Geräusche aus allen Richtungen zu orten. Die Augen stehen seitlich am Kopf, so dass das Pferd fast rundum sehen kann. Nur direkt hinter sich und unmittelbar vor sich sieht es nichts. Fluchtbereitschaft gehört zum Alltag einer Pferdeherde. Auch das domestizierte Pferd hat den Fluchtreflex nicht verloren. Diese Angstreaktion des Pferdes äußert sich durch Scheuen oder Durchgehen und kann einen unsicheren Reiter ganz schön in Schwierigkeiten bringen. Er reagiert unter Umständen seinerseits mit Angst vor dem Herunterfallen und dem Verlust der Kontrolle über das Pferd. Sein Körper verspannt sich und zeigt dem Pferd dadurch seine eigene Angst. Dadurch bestätigt er die Angst des Pferdes. Das Pferd stellt folgende Verbindung her: Mein Alphatier hat auch Angst, also ist meine eigene Angst mehr als berechtigt. Die Situation kann dann in einer wilden Flucht eskalieren. Hat der Reiter jedoch das Vertrauen des Pferdes bei der Arbeit am Boden gewonnen, so lässt sich das Pferd meist von ihm beruhigen.

Die **besondere Beweglichkeit des Pferdes** bedingt schnelle Reaktionen, rasche Auffassungsgabe und Lernfähigkeit. **Das Pferd ist von Natur aus neugierig** und wird, wenn man ihm nur genug Zeit gibt und genug sicheren Rückhalt bietet, auch angsteinflößende Dinge erkunden. Aus diesem Grund funktionieren Desensibilisierungsprogramme gegen die Angst.

Schnelle Beweglichkeit führt jedoch auch zu schnellen Reflexen des Pferdes. Und diese bringen so manchen Reiter in Schwierigkeiten, wenn das Pferd erschrocken zur Seite springt oder sich blitzartig um 180 Grad dreht, um dem »pferdefressenden Ungeheuer« davonzulaufen. Reflexe sind normalerweise instinktgesteuerte, natürliche Reaktionen des Pferdes zur vermeintlichen Schadensvermeidung. Sie können dem Pferd jedoch auch an- bzw. abtrainiert werden. Jede Hilfe, die dem Pferd unter dem Reiter beigebracht wurde, ist in gewissem Sinn ein antrainierter Reflex. Das gilt auch für viele Beruhigungsmaßnahmen. Für die Angstbewältigung ist es vor allem von Vorteil, wenn dem Pferd beigebracht wird, auf Kommando bzw. auf bestimmte Hilfenkombinationen hin den Kopf zu senken. Auf diese Weise steuert man auf der körperlichen Ebene die Angstreaktion: Man bringt das Pferd aus der fluchtbereiten Alarmhaltung mit hochgerissenem Kopf und Hals in die entspannte (Fress-)Haltung mit gedehntem Rücken und tiefem Kopf. Diese entspannte Körperhaltung wirkt als Rückkopplung auf die innere Haltung und entspannt das Pferd auch psychisch.

Pferde beanspruchen keine Territorien wie etwa ein Wolfsrudel. Dafür ist ihr Bedürfnis nach Ungebundenheit extrem stark. Fluchtinstinkt, Bewegungsdrang und Neugier sind in starkem Maße für diesen Unabhängigkeitstrieb verantwortlich. Auf eine Einschränkung ihrer Beweglichkeit durch Anbinden, Einsperren oder Fesseln reagieren unausgebildete Pferde oft mit extremer Angst. Desensibilisierungsmethoden mit Vertrauensaufbau und Angstbewältigung wirken deswegen wie ein Sicherheitstraining.

Artgerechte Desensibilisierung und Angstbewältigung beim Pferd

Durchbrechen Sie negative Verhaltenskreisläufe aktiv. Sie können allerdings Ihrem Pferd nicht einfach ins Ohr flüstern »Hab keine Angst«. Das funktioniert noch nicht einmal bei einem anderen Menschen, der Ihre Sprache versteht, denn das primitive Angstsystem reagiert nicht auf verbale

Das Pferd hebt den Kopf und spannt sich, wenn es alarmiert ist.

Das Pferd folgt dem Menschen aufmerksam, wenn dieser sich verhält wie ein Alphatier.

Aufforderungen. Sie müssen sich eines Verständigungsmittels bedienen, welches dem Pferd geläufig ist und welches in der Lage ist, das primitive Angstsystem zu erreichen. Witzigerweise können Sie die eine Art Angst des Pferdes mit der anderen Art bekämpfen. Die sozialen Ängste bei Pferd und Mensch sind ziemlich gleich. Es gibt die Angst vor dem dauerhaften Verlust von Bezugspersonen (bzw. -pferden) und vor dem Verlust des Schutzes durch eine Gruppe bzw. eine Vertrauensperson (eine Leitfigur bzw. ein Alphatier). Daraus resultiert natürlich auch eine gewisse Angst vor von dieser Leitfigur verfügten Sanktionen.

Sozialer Status, Autorität, Angst, Demut, Über- oder Unterlegenheit drücken sich in Körperhaltungen, Gesten und Mimik aus – sowohl beim Menschen als auch beim Pferd. Körpersprache ist auch der Schlüssel, mit dem Sie das primitive Angstsystem des Pferdes beherrschen können.

Zum Alphatier werden

Der Mensch muss sich dem Pferd als Leitfigur präsentieren. Er nutzt dabei dessen Angst vor sozialer Bezugslosigkeit und gefährlicher Isolation und verringert sie im gleichen Zug wieder, weil er dem Pferd mit seiner eigenen Autorität Sicherheit gibt. Hat das Pferd ihn als Alphatier akzeptiert, so wird es seinen Wünschen auch dann folgen, wenn es dafür seine Angst überwinden muss. Das entspricht seinem natürlichen Verhalten und verhindert im natürlichen Herdenverband, dass die Pferdegemeinschaft bei Gefahr in alle Richtungen auseinander läuft. Gelingt es

Ihnen, den Status des Alphatieres am Boden zu erreichen, haben Sie schon fast gewonnen. Sie können die Angstreaktionen des Pferdes kontrollieren, verringern damit Ihre eigene Angst und festigen dadurch wiederum das Vertrauen in Sie als Leittier. Ein positiver Kreislauf aus Sicherheit, Vertrauen und relativer Angstfreiheit hat begonnen. Ich sage relativ, da eine komplette Angstfreiheit weder beim Reiter noch beim Pferd zu erreichen ist. Das primitive Frühwarnsystem gibt auf Dauer keine Ruhe und findet neue Gefahren an jeder Ecke.

Mit der Zeit ist das Pferd in der Lage, sich an viele Angstauslöser zu gewöhnen, weil es im Zuge der Ausbildung zunehmend Vertrauen zur Leitfigur des Ausbilders entwickelt. Diese Gewöhnung wird mit »Abstumpfungstherapien« wie Aussacken, Einwickeln oder Engpasstraining am Boden und unter dem Reiter immer weiter gefestigt.

Negative Kreisläufe schnell durchbrechen

Es ist allerdings von elementarer Bedeutung, dass ein möglicherweise beginnender negativer Kreislauf der Angst schnell erkannt und bewusst durchbrochen wird, um einen Zugang zu den Mechanismen der Angstkontrolle zu bekommen und zu behalten. Dieser negative Kreislauf kann nur durch den Menschen und nur dann durchbrochen werden, wenn der Mensch weitgehend Herr seiner

Pferde lassen sich an viele Angstauslöser gewöhnen.

eigenen Ängste ist. Er sollte Gewöhnungs- und Desensibilisierungstaktiken auch für sich selbst erfolgreich anwenden können, wenn es nötig ist. Sie können aktiv Ihre eigene Angst vor Kontrollverlust und dem Herunterfallen reduzieren, indem Sie beim Pferd schrittweise Ängste ab- und Gehorsam aufbauen und es damit immer besser unter Ihre Kontrolle bringen. Das ist ein Prozess, der Zug um Zug abläuft und nicht schlagartig. Sie sind dabei vergleichbar mit dem Therapeuten, der einen Patienten mit leichten Angstzuständen behandelt. Es kann dabei Situationen geben, in denen Sie selbst Hilfe brauchen – und sei es nur in Form eines Zuspruchs oder eines Ratschlags von Reiterkollegen. Es gelingt einem nämlich nicht immer, sich aus einem negativen Kreislauf der Angst zu befreien, wenn schon etwas schief gelaufen ist. Auch bei bester Ausbildung können Sie nicht ausschließen, dass Ihnen Ihr Pferd doch einmal aus der Kontrolle gerät. Wenn es Sie umgerannt oder abgeworfen hat, so brauchen Sie schon etwas Mut und Überwindung, um weiterhin souverän aufzutreten. Verraten Sie Ihre möglicherweise vorhandene eigene Unsicherheit, provozieren Sie damit weitere unliebsame Überraschungen. Wer sich ängstlich fragt: klappt das auch, braucht sich nicht zu wundern, wenn das Pferd sich das auch fragt. Stellen Sie deswegen unter Umständen die Übungen, die »kontrolltechnisch« schief gegangen und für Sie angstbesetzt sind, zurück zu Gunsten leichterer Lektionen, die das Vertrauensverhältnis Pferd-Mensch wieder herstellen und Ihnen Sicherheit und Autorität zurückgeben.

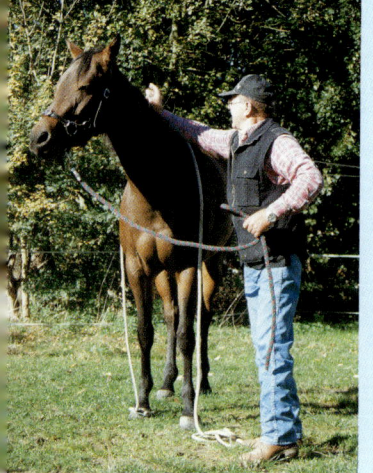

Gewöhnung des Pferdes an Seile, Leinen und Longen.

Ausweichübungen zur Vorbereitung des Gewöhnungsprogramms

Nutzen Sie die drei wichtigsten Ausweichregeln aus dem Herdenverband bei der Grunderziehung des Pferdes in Form von Führ- und Ausweichübungen:

Diese Übungen sind wichtig, denn sie ermöglichen Ihnen später die Kontrolle und Steuerung des Pferdes im Desensibilisierungsprogramm. Beginnen Sie mit den Führübungen. Diese stützen sich auf Regel 2 des Herdenverhaltens (Seite 19).

Führen: Ein Pferd zu führen ist ja wohl das einfachste der Welt, hat sicher schon so mancher gedacht, bis ihm das erste Mal ein Pferd auf dem Fuß stand oder ihn unsanft angerempelt hat. Fakt ist, dass das Pferd sich eines mittelschweren Vergehens schuldig macht, wenn es Sie umrennt oder anrempelt. In der Herde würde ein ranghöheres Pferd einen solchen Verstoß gegen die Rangordnung mit einem kräftigen Tritt bestrafen. Das können Sie auch tun. Erziehen Sie Ihr Pferd also beizeiten zu einem »vornehmen« Pferd. Es soll Abstand halten und darf Ihnen nicht zu nahe auf den Leib rücken. Und denken Sie immer daran: Sie sind derjenige, der die Richtung bestimmt, nicht das Pferd. Das Pferd darf nicht an Ihnen vorbeidrängeln, denn in der Herde darf es auch nicht am Ranghöheren vorbeilaufen. Es soll sich mit dem Kopf hinter Ihrer rechten Schulter befinden, wenn Sie auf seiner linken Seite gehen. Tut

es das nicht, dann verteidigen Sie Ihre Position. Strafen Sie es durch einem Ruck am Halfter, klatschen Sie ihm den Führstrick vor die Brust, halten Sie ihm die Gerte vor die Nase, benutzen Sie Ihre Ellbogen oder zur Not eine Führkette. Achten Sie jedoch beim Gebrauch der Führkette immer darauf, dass sie nach einem harten Ruck wieder locker um die Nase des Pferdes liegt und sich nicht festgezogen hat.

Lassen Sie sich bei diesen Übungen nie auf einen Ziehkampf mit dem Pferd ein, sondern arbeiten Sie immer mit der »Pull-and-Slack-Methode« – also Annehmen – Nachgeben – Annehmen. Das einzelne Annehmen kann und soll ruhig hart sein, damit das Pferd das Signal ernst nimmt und auch den »Slack«, das Nachgeben, als angenehme Belohnung empfindet.

Nun gibt es jedoch Pferde, die an der Hand gar nicht erst mitkommen wollen. Bei ihnen ist der Einsatz einer langen Gerte sinnvoll, mit der Sie die Hinterhand an-

Rückwärtssignale: Mit einer quer gehaltenen Peitsche wirkt die Haltung des Menschen noch deutlicher.

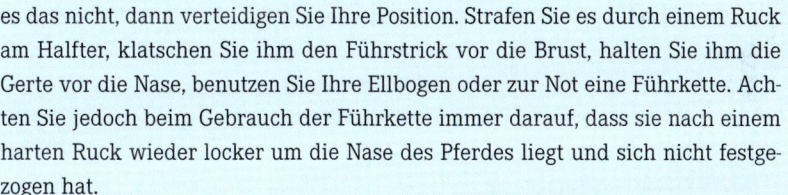

Rückwärtssteuerung mit einem auf die Signale des Menschen sensibilisierten Pferd

tippen, wenn Sie selbst vorwärts gehen. Etablieren Sie dabei eine verbale Hilfe wie »Komm mit«. Danach können Sie weitere Übungen zum Festigen des Gelernten anschließen.

1. Das Pferd soll stehen bleiben, wenn Sie stehen bleiben. Es soll aufmerksam auf Ihre Bewegungen achten. Rennt es vorbei, dann tun Sie das Gleiche wie beim Führen. Dabei können Sie das Stimmsignal »Halt« etablieren.

2. Das Pferd soll in Wendungen immer den gleichen Abstand zu Ihnen behalten.

3. Führübungen im Trab – auch mit Anhalten aus dem Trab – festigen das Ganze. Sie verbessern Ihre Kondition und trainieren die Hinterhand des Pferdes, die es beim Anhalten aus dem Trab untersetzen muss.

4. Das Pferd soll Ihnen auch rückwärts gehend folgen. Anfangs werden Sie mit einigen »Störaktionen« nachhelfen müssen, damit das Pferd Ihnen rückwärts ausweicht. Tippen Sie das Pferd mit der Gerte an die Brust oder das Vorderfußwurzelgelenk, wedeln Sie ihm vor der Nase herum. Loben Sie das Pferd sofort, wenn es den ersten Schritt rückwärts macht.

Versuchen Sie nicht, das Pferd mit Ihrem Körper irgendwohin zu drücken. Es soll auf Ihre Signale hin ausweichen und nicht mit Kraft weggeschoben werden. Auf das Führtraining folgt das eigentliche Ausweichtraining.

Ausweichtraining

Das Ausweichtraining gründet sich hauptsächlich auf Regel 1 der Herdenordnung: Das ranghöchste Pferd kann jedes andere von seinem Platz vertreiben. Das rangniedere Pferd muss ausweichen. Vertreiben Sie also Ihr Pferd von seinem Platz. Wenn es Ihnen gelingt, sind Sie der Chef. Das Join-Up von Monty Roberts funktioniert zum Beispiel nach diesem Prinzip: Der Ausbilder scheucht das Pferd im Roundpen solange von sich weg, bis es »darum bittet« zu ihm kommen zu dürfen. Das Pferd verhält sich so, weil nur die Herde, in diesem Fall der ranghöhere Mensch, Schutz bietet.

Eine einfache Probe Ihres Status kann auf der Weide oder auf dem Auslauf erfolgen. Wenn Ihr Pferd dort steht und frisst, gehen Sie bestimmten Schrittes auf es zu und treiben es weg. Machen Sie sich bei Bedarf größer, indem Sie Arme und Hände hochhalten und sich selbst aufrichten. Durch einen sehr straffen, aufrechten Gang mit erhobenem Kopf und mit forschen zielgerichteten Schritten verleihen Sie Ihrem Ansinnen den nötigen Nachdruck. Bewaffnen Sie sich notfalls mit einer Gerte, die Sie durch die Luft pfeifen lassen, oder verwenden Sie einen Strick, den Sie kreisen lassen, um Ihren Bewegungen noch mehr »Schärfe« zu verleihen. Kommen Sie dem Pferd nicht allzu nahe: Ein Sicherheitsabstand in Huftrittweite ist zu empfehlen. Hat das Pferd noch wenig Respekt vor Ihnen, reagiert es entweder überhaupt nicht (was für Sie ungefährlich ist) oder es reagiert spät und tut vielleicht mit einem protestierenden Auskeilen seinen Unmut kund. Dabei sollte es Sie nicht treffen.

Das Pferd achtet aufmerksam auf den Menschen und seine Signale.

Wenn Sie mit eingezogenem Genick und hängenden Schultern langsam auf das Pferd zu »schlurfen«, brauchen Sie sich nicht zu wundern, wenn es Sie ignoriert. In dieser Haltung fehlt es Ihnen einfach an Autorität. Ihre krumme Haltung drückt Unentschlossenheit aus, was das Pferd mit fehlender Reaktion quittiert.

Ziele des Ausweichtrainings

Gelingt es Ihnen, das Pferd zu vertreiben, so können Sie das eigentliche Ausweichtraining anschließen. Bei den Ausweichübungen geht es darum, dass das Pferd in eine von Ihnen vorgegebene Rich-

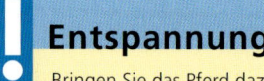

tung ausweicht und dass Sie schließlich bestimmte Körperteile des Pferdes einzeln steuern können. Zusätzlich lernt das Pferd im Laufe des Trainings, einem Druck bzw. Zug nachzugeben, statt sich dagegen zu wehren. Die Übungen dienen dazu, Ihnen vermehrte Kontrolle über Bewegungen und Reaktionen des Pferdes zu geben. Sie fördern den Gehorsam und die Aufmerksamkeit des Pferdes auf Ihre Signale.

Ausweichrichtungen

Das Pferd kann in 6 verschiedene Richtungen ausweichen: nach vorne durch folgen lassen bzw. vorwärts treiben – zur Seite nach links oder rechts – nach hinten durch Rückwärtsgehen – nach oben (zum Beispiel durch Steigen oder Aufsprünge) – nach unten (zum Beispiel durch Hinlegen oder Absprünge). Die letzten beiden Richtungen sind jedoch für die grundsätzliche Angstbewältigung wenig relevant.

Das Pferd heranholen und folgen sowie einem Druck nachgeben lassen

Holen Sie das Pferd zu sich heran. Dazu stellen Sie sich mindestens zwei bis drei

Die Übung »Kopf tief«. Entspannen Sie das Pferd, indem Sie seinen Kopf nach unten bringen.

Meter entfernt frontal vor das Pferd und schauen es an. Halten Sie das Pferd an einem langen Strick oder einer Longe. Es hat ein stabiles Halfter am Kopf, welches nicht reißen und nicht verrutschen sollte.

Fordern Sie nun Ihr Pferd auf zu Ihnen zu kommen, indem Sie Zug am Halfter und damit am Genick des Pferdes aufbauen. Unterstützen Sie den Zug mit der verbalen Hilfe »Komm her«, die Sie eventuell schon beim Führtraining verwendet haben. Manche Pferde werden sich sofort in Bewegung setzen und auf Sie zulaufen. Andere denken nicht

daran zu folgen und bleiben stehen. Dann handhaben Sie den Strick bzw. die Longe wie ein Gummiband: Bauen Sie Druck auf und verstärken Sie ihn langsam – Sie dürfen ausnahmsweise wirklich ziehen. Legen Sie zur Not Ihr ganzes Gewicht in den Zug. Geben Sie nach, sobald das Pferd die Absicht signalisiert, zu kommen. Reagiert das Pferd nicht auf den verstärkten Zug, geben Sie trotzdem probehalber nach. Damit testen Sie, ob sich das Pferd nur gegen den Druck zur Wehr setzt. Macht es nun einen Schritt auf Sie zu, loben Sie mit der Stimme und lassen es eine Weile ohne Anforderung stehen. Dann fordern Sie auf die gleiche Weise weitere Schritte auf Sie zu. Im Prinzip arbeiten Sie wie bei Paraden am Zügel, am Anfang jedoch mit deutlich mehr Kraftaufwand.

Kurzfristig Zug aufbauen, wenn das Pferd nicht folgen will.

Kopf tief – manuelle Entspannung

Eine für die Angstbewältigung relevante Variante der Übung »Heranholen« ist die Übung »Kopf tief«. Gehen Sie vor Ihrem Pferd in die Hocke und bauen Sie Druck auf das Genick des Pferdes auf. Arbeiten Sie wieder in der Gummibandmanier und bringen Sie damit die Nase des Pferdes schrittweise bis auf den Boden. Wenn Sie nicht neben Ihrem Pferd knien wollen, können Sie auch mit der Hand von der Seite Druck auf das Genick ausüben und den Kopf mit Verstärkung und Verringerung des Drucks langsam nach unten führen. Mit dieser Übung können Sie das Pferd »manuell entspannen« und aus der Alarmstellung holen. Die tiefe Kopfhaltung entspannt den Rücken und dient, wie schon erwähnt, auch der psychischen Entspannung. Nur mit dieser entspannten Grundhaltung ist das Pferd aufnahmefähig für Signale des Ausbilders.

Das Pferd seitlich nachgeben lassen. Das funktioniert unter dem Reiter umso besser, je besser es am Boden vorbereitet wurde.

Können Sie den Kopf des Pferdes aus der Alarm- in die Ruhestellung führen, so ändert sich damit auch der emotionale Zustand. Das Pferd wird ruhiger und für Ihre Hilfen empfänglicher. Aus diesem Grund ist die Übung des Nachgebens nach unten enorm wichtig für die Kontrolle des Pferdes. Unterm Sattel bedeutet dies, dass ein »über den Rücken« bzw. »durchs Genick« gerittenes Pferd mit tiefer Nase sich deutlich besser kontrollieren lässt als ein Pferd mit hoher Nase.

Seitlich nachgeben lassen

Schließlich können Sie das seitliche Nachgeben trainieren, indem Sie seitwärts Zug auf den Kopf ausüben und das Pferd dazu bringen den Hals zu biegen und mit der Nase die eigene Flanke rechts bzw. links zu berühren. Ein an die gewünschte Stelle gehaltenes Leckerli kann diese stark gymnastizierende Übung vereinfachen. Das Nachgeben auf den seitwärtsführenden Zügel unter dem Sattel wird damit vorbereitet. Reagiert das Pferd gut auf den seitwärtswirkenden Zügel, so haben Sie wiederum ein gutes Kontrollinstrument zur seitlichen Dehnung und damit zur Entspannung des Pferdes. Aus der seitlichen Dehnung (Biegung) kann das Pferd den Kopf nicht hochreißen, auch ein Steigen oder Bocken ist nur sehr schwer möglich.

Sonderform: von hinten führen

Das Führen von hinten ist die schwierigste Führübung und erfordert die größte Autorität. Dieser Übung liegt die dritte Herdenregel zugrunde. Beim Führen von hinten verhalten Sie sich so, wie ein Leithengst, der seine Herdenmitglieder von hinten treibt. Dazu stehen Sie schräg hinter dem Pferd und treiben es mit Stimm- oder Gertensignalen nach vorne. Die Arbeit am langen Zügel und prinzipiell auch

die Longen- und Doppellongenarbeit basieren auf diesem kontrollierenden Führen von hinten. Nun treten bei dieser Art des Führens natürlich hin und wieder Probleme auf. Das Pferd scheut und will nicht vorwärts oder Sie können seine Laufrichtung nicht kontrollieren. Das gibt sich mit der Zeit: Mit einer Gerte können Sie zum Beispiel die Schulter oder die Hinterhand des Pferdes dirigieren, das heißt seitwärts treiben. Die Kontrolle beim Führen von hinten geht Hand in Hand mit der seitlichen Kontrolle des Pferdes, die in den nachfolgenden Abschnitten beschrieben wird. Fortgeschrittene können allein durch das Ändern Ihrer eigenen Position schräg hinter dem Pferd das Pferd zu einem Richtungswechsel veranlassen.

Präzise Kontrolle durch seitliche Ausweichübungen

Das seitliche Ausweichtraining gibt Ihnen die Möglichkeit, das Pferd zielgerichtet zu steuern und Hinterhand bzw. Vorhand getrennt zu beeinflussen. Die Seitwärtssteuerung am Boden beinhaltet: Das Ausweichen der Hinterhand – das Ausweichen der Vorhand – reine Seitwärtsbewegungen ohne Vorwärtstendenz – Vorwärts-Seitwärts-Bewegungen wie Schenkelweichen, Schulterherein und Travers.

Die Hinterhand weicht aus (Vorhandwendung)

Stellen Sie sich zum Beispiel seitlich schräg rechts neben den Kopf des Pferdes und blicken Sie dabei auf den Hinterhuf des Pferdes auf Ihrer Seite (es ist die linke Seite des Pferdes, also der linke Hinterhuf). Den Führstrick halten Sie lose in der linken Hand, so dass er bis fast auf den Boden in einer Schlaufe durchhängt. Das an-

Von hinten führen.

dere Ende des Seiles halten Sie in der rechten Hand. Machen Sie nun schräg einen Schritt auf die Spitze des linken Hinterhufes zu. Bewegen Sie sich schnell, deutlich und aufrecht. Unterstützen Sie die Richtung durch das kreisende Seilende, mit dem Sie zusätzlich auf das linke Hinterbein in Höhe des Knies zielen. Richtigerweise weicht nun das Pferd mit der Hinterhand von Ihnen weg aus und lässt die Vorhand dabei stehen. Weicht es zusätzlich mit der Vorhand aus, so spannt sich der vormals lose Führstrick in Ihrer linken Hand. Die Übung wurde in diesem Fall nicht richtig ausgeführt, denn das Pferd soll Sie nach Ende der Übung immer anschauen, aufmerksam auf neue Signale warten und nicht einfach nur vor Ihnen davonlaufen. Versuchen Sie noch besser auf die Hinterhand zu zielen und wiederholen Sie die Prozedur.

Es kann auch passieren, dass das Pferd gar nicht ausweicht. Dann hat es noch nicht genug Respekt vor Ihnen und Sie müssen deutlicher werden.

Benutzen Sie die Gerte oder das kreisende Seilende, um die Hinterhand in Bewegung zu setzen. Kommen Sie den Hinterbeinen dabei nicht zu nahe, denn es besteht die Gefahr, dass das Pferd nach der Gerte oder dem Seil tritt. Da es seitlich keinen großen Aktionsradius mit dem Hinterbein hat, brauchen Sie jedoch auch keinen großen Abstand zu behalten.

Das üben Sie auf beiden Händen gleichmäßig. Auf der steiferen Seite wird das Pferd eher Schwierigkeiten machen. Auf Ihrer steiferen Seite werden Sie selbst eher Probleme mit der Koordination Ihrer eigenen Bewegungen haben.

Die Vorhand weicht aus (Hinterhandwendung)

Stellen Sie sich im Abstand von etwa einem Meter in Schulterhöhe des Pferdes auf. Ihr Blick richtet sich auf den Bereich zwischen Genick und Schulter. In welcher Hand Sie den Strick halten, hängt davon ab, ob Sie ein zusätzliches Hilfsmittel wie Gerte oder Seilpropeller benutzen müssen, um das Pferd in Bewegung zu setzen. Bewegen Sie sich nun schnell und gezielt auf das Buggelenk des Pferdes zu. Ihre Fußspitzen zeigen dabei auf den Ihnen zugewandten Vorderhuf, idealerweise genau auf seinen Ballen. Sie können die Stimme zusätzlich einsetzen, um das Pferd zum Loslaufen zu ermuntern. Das Pferd soll nun mit der Vorhand ausweichen und die Hinterhand stehenlassen. Weicht es langsam aus, so haben Sie kein Problem, dem Kreisbogen zu folgen, den die Vorhand um die Hinterhand beschreibt. Weicht es schnell aus – und das ist die Reaktion, die wir eigentlich wollen –, so müssen Sie schon gut zu Fuß sein, um zu folgen. Achten Sie dabei auf Ihre Position. Geraten Sie zu weit vor die Schulter des Pferdes, so biegt es nur noch seinen Hals von Ihnen weg in die Wendung und bleibt eventuell mit den Vorderbeinen stehen. Geraten Sie hinter die Schulter in Richtung Flanke, so weichen Vor- und Hinterhand gemeinsam – und damit wären wir schon bei der nächsten Seitwärtsübung.

Vor- und Hinterhand weichen aus

Können Sie nun Vor- und Hinterhand getrennt steuern, so ergibt sich die reine Seitwärtsbewegung und das Schenkelweichen bzw. Schulterherein aus diesen Kontrollmechanismen. Bei der reinen Seitwärtsbewegung weicht das Pferd mit Vor- und Hinterhand gleichmäßig aus. Ihre eigene Position befindet sich dabei irgendwo zwischen Vor- und Hinterhand. Die genaue Position ermitteln Sie über die Reaktion des Pferdes. Sind Sie zu weit vorne, so weicht die Vorhand stärker als die Hinterhand – und das Pferd führt mit der Zeit eine Bewegung ähnlich der Hinterhandwendung aus (siehe oben). Wenn Sie in dieser Position jedoch noch eine Vorwärtstendenz fordern (zum Beispiel mit

> **Körpersprache**
>
> Achten Sie auf den Ausdruck Ihres Körpers mit den Facetten Haltung, Bewegungsrichtung, Gestik und Stimme. Nur, wenn Sie sich Ihrer Körpersprache völlig bewusst sind, wissen Sie, wie Sie auf Ihr Pferd wirken. Nur dann können Sie Ihren Körper gezielt zur »Steuerung« des Pferdes einsetzen. Und nur dann werden Ihre Signale auch vom Pferd richtig verstanden.

Ausweichübungen: Seitwärts treten lassen.

einer zusätzlichen Stimmhilfe), führt das Pferd prinzipiell die Bewegung des Schenkelweichens aus. Stehen Sie zu weit hinten, dann weicht die Hinterhand stärker und das Pferd führt eine Art Vorhandwendung aus (das Pferd kann sich allerdings auch nach vorne entziehen). Fordern Sie in dieser Position ein zusätzliches Vorwärtsgehen des Pferdes, so bekommen Sie eine Schulterhereinbewegung.

Grundlegende Übungen zur Bewältigung der Angst

Das Grundlagenprogramm zur Angstbewältigung besteht aus recht einfachen Übungen, die auf dem Ausweichtraining aufbauen. Viele Trailhindernisse wie Plastikplanen, Brücken, Wippen, Flatterbänder können in diese Arbeit einbezogen werden, denn prinzipiell ist das Trailtraining des Pferdes nichts anderes als Vertrauensaufbau und Angstbewältigung. Verladeübungen, das vor allem bei den Westernreitern beliebte Aussacken, das Gewöhnen an Leinen, Longen, Spraydosen, das Ziehen von Gegenständen (besonders für Pferde, die auch gefahren werden sollen) und vieles mehr gehören in diesen Bereich. Manche Dinge ergeben sich aus den täglichen Anforderungen. Das Pferd soll zum Beispiel beim Schmied ruhig stehen oder soll sich vom Tierarzt eine Spritze geben lassen, ohne gleich in Panik zu geraten. All das kann man trainieren.

Das Schöne an der Angstbewältigung ist, dass sie auch und speziell am Boden erfolgen kann. Sie müssen keine Angst vor dem Herunterfallen haben und das Reiten gestaltet sich danach deutlich entspannter, wenn Sie wissen, dass das Pferd nicht bei jedem fallenden Blatt vor Schreck wegspringt.

Im Ausweichtraining haben wir gelernt, Reaktionen des Pferdes auf unsere Körperposition und Bewegungsrichtung zu fordern so-

Desensibilisierung: Das Pferd lässt sich die Berührung mit Flatterbändern und anderen »Erschreckern« gefallen.

wie Vor- und Hinterhand gezielt zu steuern. Bei der Angstbewältigung nutzen wir nun diese Fertigkeiten und das er-
worbene Grundvertrauen des Pferdes, das es uns nach diesen Übungen entgegenbringt.

Beachten Sie bei der Arbeit besonders folgende Punkte:
Staffeln Sie die Übungen sinnvoll, so dass Sie das Pferd
nicht überfordern. Halten Sie Sicherheitsvorkehrungen
zum beiderseitigen Schutz ein. Setzen Sie alle Ihre Forderungen konsequent durch.

Wichtige Verhaltensrichtlinien für die Arbeit an angstbesetzten Übungen

1. Bringen Sie das Pferd vor Beginn jeder Übungssequenz
dazu, den Kopf zu senken und ruhig zu stehen. Nur dann ist
es aufnahmebereit.

2. Beginnen Sie nie eine Übung mit einem Pferd, dessen Aufmerksamkeit Sie
nicht haben. Solange dem Pferd etwas anderes wichtiger ist als Sie, achtet es
nicht genug auf Sie und Ihre Körpersignale. Lassen Sie auch nicht zu, dass das
Pferd im Verlauf einer Übung seine Aufmerksamkeit von Ihnen und Ihren Forderungen abzieht und in der Gegend herumschaut.

3. Engen Sie das Pferd nicht ein und binden es nie an bei einer angsterzeugenden
Übung. Lassen Sie ihm die Freiheit, auch mal wegzuspringen. Arbeiten Sie an
einem mindestens drei bis vier Meter langen Strick, damit Sie nachgeben können. Es ist kein Problem, wenn das Pferd anfangs herumzappelt (das können Sie
auch gar nicht verhindern). Damit reagiert es Spannungen ab.

4. Lassen Sie sich genug Zeit. Es gibt angstbesetzte Übungen (die nicht bei jedem
Pferd die Gleichen sind), bei denen Sie zwei oder drei Stunden brauchen, bis Sie

**Halten Sie Ab-
stand. Achten Sie
immer darauf,
dem Pferd nicht im
Weg zu stehen.**

wenigstens einen Teilerfolg erzielen. Diese Zeit müssen Sie auch haben. Beginnen Sie also niemals mit einer neuen Übung, wenn Sie unter Zeitdruck stehen.

5. Regen Sie sich selbst nicht auf – auch wenn das Pferd wild um Sie herumspringt. Bleiben Sie ruhig und bewegen sich möglichst sparsam. Ihre Ruhe überträgt sich auf das Pferd.

Arbeiten Sie mit der Zermürbungstaktik: Seien Sie sturer als das Pferd, ohne jedoch böse oder wütend zu werden. Die richtige Grundeinstellung ist eine stoische: »Zappel Du nur, am Ende gewinne ich ja doch.«

6. Lassen Sie dem Pferd Entscheidungsmöglichkeiten. Machen Sie jedoch alle Wege und Richtungen unbequem, von denen Sie nicht möchten, dass das Pferd sie wählt. Das Pferd meint schließlich, sich aus freien Stücken für die von Ihnen gewünschte Richtung entschieden zu haben.

7. Arbeiten Sie auf Distanz am losen, langen Strick, damit das Pferd Sie nicht umrennen kann, wenn es sich aufregt. Dulden Sie es Ihrer eigenen Sicherheit zuliebe nicht, wenn sich das Pferd schutzsuchend an Sie herandrängen will. Bedrängen Sie das Pferd auch nicht mit Ihrem eigenen Körper, indem Sie selbst zu dicht herankommen. Bleiben Sie mindestens einen Meter vom Pferd weg, beim Training in Engpässen eher noch weiter.

8. Achten Sie darauf, dass das Pferd sich am Ende von aufregenden Übungen wieder entspannt und den Kopf senkt. Idealerweise macht es dabei Kaubewegungen mit dem Maul; es verarbeitet das Vorangegangene. Geben Sie ihm Zeit dazu und lassen Sie es eine Weile so stehen. Nur dann kann es die Lektion richtig verstehen.

9. Hören Sie nie auf, bevor Sie nicht mindestens einen Teilerfolg verbuchen können. Nerven Sie das Pferd solange, bis es den von Ihnen gewünschten Weg geht. Auch – und gerade – wenn es Angst hat, dürfen Sie ihm nichts durchgehen lassen, denn damit würden Sie seine Angst bestätigen und sein Vertrauen in Sie und Ihre Forderungen untergraben.

10. Denken Sie an Sicherheitsvorkehrungen und achten Sie immer darauf, dass die Nervenproben für das Pferd und für Sie selbst ungefährlich sind. Das heißt: Keine scharfkantigen Gegenstände am Boden oder an der Wand in der Nähe des Übungsplatzes. Keine Balken in Kopfhöhe – denken Sie auch daran, dass ein Pferd steigen könnte. Keine hervorstehenden Nägel oder Krampen in der Umzäunung. Kein Drahtzaun in der Nähe. Keine am Rand des Übungsplatzes abgestellten Heuwender. Spiegel in Reithallen können Sie verhängen, damit das Pferd sie nicht als Fluchtweg missversteht. Trainieren Sie am Hänger, dann polstern Sie eventuell hervorstehende Metallteile ab und machen die Klappe möglichst rutschsicher. Noppengummi- oder Kokosmatten erfüllen diesen Zweck am besten. Haben Sie Angst um die Beine Ihres Pferdes, dann polstern Sie sie mit Gamaschen. Tragen Sie Handschuhe, damit Sie sich nicht am Strick verbrennen, wenn das Pferd wegspringt und Ihnen den Strick durch die Hand zieht. Stiefel mit Stahlkappen oder zumindest extra hartem Leder im Zehenbereich bewahren Sie vor plattgetretenen Zehen.

Angstbewältigung durch Desensibilisierung.

Wichtige Übungen

Aussacken: Um das Pferd daran zu gewöhnen, dass sich etwas Flatterndes wie zum Beispiel ein Reiter mit einem Regenmantel auf seinem Rücken befindet, haben sich verschiedene Übungen des Aussackens bewährt. Die einfachste Form ist, dem Pferd tatsächlich einen Jutesack oder eine alte Decke schwungvoll überzuwerfen. Stellen Sie sich schräg neben

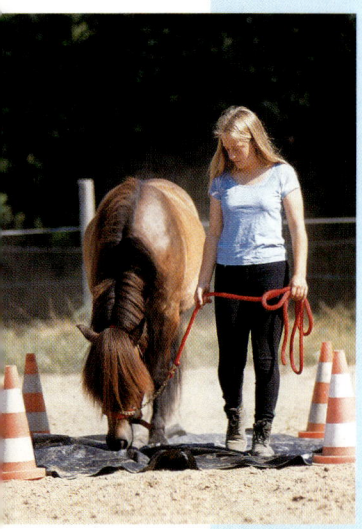

Das Überwinden von »unsicherem« Grund wird mit der Plane simuliert.

die Schulter des Pferdes und halten Sie den Führstrick so, dass er in einer Schlaufe fast bis auf den Boden durchhängt. So hat das Pferd genug Platz, um wegzuspringen. Da das Pferd sich immer von der vermeintlichen Gefahrenquelle entfernen wird, dürfen Sie in diesem Fall relativ dicht an die Pferdeschulter herangehen. Sie können die Übung auch im Roundpen mit dem freien Pferd (jedoch mit Halfter ausgerüstet) ausführen. Sie müssen dabei allerdings in Kauf nehmen, dass es Ihnen mehrfach wegläuft. Werfen Sie dem Pferd die Decke oder den Sack von beiden Seiten über. Ignorieren Sie es, wenn das Pferd wegspringt. Bleiben Sie ruhig, wird auch Ihr Pferd ruhig werden. Klappt die Übung mit der weichen, leisen Decke, verwenden Sie zum Beispiel knisternde Plastiksäcke, raschelnde Folien, mit klappernden Büchsen gefüllte Säcke, Seile mit Luftballons oder Flatterbänder, um Ihr Pferd zu erschrecken. Berühren Sie damit Kruppe, Hals, Sattellage, Rücken. Zum Schluss berühren Sie immer den Kopf – Genick und Ohren –, denn dort gibt es die meisten Schwierigkeiten.

Ihrem Erfindungsreichtum sind wenig Grenzen gesetzt. Achten Sie jedoch darauf, dass sich das Pferd an den verwendeten »Erschreckern« nicht verletzen kann. Später können Sie das Pferd auch an der Longe mit verschiedenen Gegenständen behängen, die herumflattern. Das Reiten bzw. Führen durch Flattertore, Vorhänge aus Luftballons oder was auch immer von oben herunterhängen kann, sollte sich danach recht einfach gestalten. Damit das Pferd Sie bei solchen Übungen nicht von hinten her umrennt, sollte es im Führtraining gelernt haben, dass es auf keinen Fall an Ihnen vorbeidrängeln darf. Sie können das Pferd auch vor sich her schicken, wenn die Führübungen von hinten sicher klappen. Oder Sie schicken es im Bogen um sich herum, longieren es praktisch durch das Flattertor hindurch, wenn innen kein Pfosten im Weg steht.

Longen, Leinen, Ziehen von Gegenständen

Das Gewöhnen an die Berührung (vor allem der Hinterhand) durch Longe, Leinen, Gerte oder Peitsche geht im Prinzip genauso vonstatten und baut auf dem Aussacken auf. Berühren Sie das Pferd mit diesen Gegenständen und setzen Sie dabei die Stimme beruhigend ein. Im Gegensatz zum Aussacken ist es bei diesen Lektionen nicht mehr erwünscht, dass das Pferd wegspringt. Vor allem, wenn Sie Longe oder Leinen um die Hinterhand herumführen, sollte es nicht mehr wild herumhopsen oder gar ausschlagen. Um das zu verhindern, setzen Sie Ihre Stimme und das verbale Kommando für »Halt« ein. Regt sich das Pferd bei den beschriebenen Übungen nicht mehr auf, können Sie versuchen, es – vorerst an der Hand – verschiedene Dinge ziehen zu lassen. Beginnen Sie mit Gegenständen, die keine lauten Geräusche verursachen. Autoreifen eignen sich gut. Sie sind weich, haben keine scharfe Kanten und genug Gewicht, um das Pferd spüren zu lassen, dass es etwas zieht. Lassen Sie das Zugseil so lang, dass der Reifen dem Pferd nicht in die Hinterbeine gerät. Vermeiden Sie bei den ersten Übungen eine feste Verbindung des zu ziehenden Gegenstandes mit dem Pferd. Damit verhindern Sie, dass Ihnen das Pferd während eines »Angstanfalls« mitsamt dem Reifen hinter sich durchgeht und den angstauslösenden Gegenstand nicht los wird. Genauso verfahren Sie mit jedem neuen Gegenstand, der das Pferd erschrecken könnte. Als Übung für Fortgeschrittene bieten sich Gegenstände an, die Geräusche verursachen, zum Beispiel raschelnde Plastiksäcke oder der bekannte »Klappersack«.

Dieses Pferd ist extrem angespannt. Eine explosive Reaktion ist zu erwarten. Ein solches Pferd muss erst wieder beruhigt werden, bevor man mit ihm arbeiten kann.

An das Zischen von Spraydosen, aufklappende Regenschirme oder an spritzende Wasserschläuche gewöhnen Sie das Pferd auf die gleiche Weise. Nähern Sie sich schrittweise mit den angstauslösenden Gegenständen. Binden Sie das Pferd nicht an, sondern lassen ihm am langen Strick die Freiheit, wegzuspringen, wenn ihm die Distanz zu gefährlich erscheint. Reden Sie ihm beruhigend zu und bleiben Sie selbst ruhig.

Stark vertrauensbildende Übungen

Damit Pferde im Straßenverkehr oder wie hier auf einem Umzug ruhig bleiben, müssen sie gelernt haben, ihrem Reiter unbedingt zu vertrauen.

Zu diesen Übungen gehören zum Beispiel das Überwinden von »unsicherem« Grund und das Engpasstraining, das Gehen über Wippen, Brücken, Planen, durchs Wasser, über Brücken mit Geländer, durch Hohlwege oder Tunnel und das Verladen in den Pferdeanhänger. Diese Übungen sind stark vertrauensbildend, weil sie das Pferd dazu bringen, trotz instinktiver Angst den Anweisungen des Ausbilders zu vertrauen, seine Angst also zu überwinden. Sie sind die Vorstufe für die Trailausbildung der Westernreiter. Alle späteren Traillektionen am Boden und unter dem Reiter – vor allem die rückwärts orientierten – dienen dem Vertrauensaufbau zwischen Pferd und Reiter und damit dem Angstabbau.

Bei diesen Übungen können Sie vor dem Pferd hergehen, es also führen oder Ihre Steuerungsmechanismen aus dem Ausweichtraining einsetzen und das Pferd alleine schicken (bzw. von hinten führen).

Beide Möglichkeiten sind legitim. Sie können bei einzelnen Übungen auch erst führen und später das Pferd schicken. Bei für Sie selbst ungefährlichen Hindernissen können Sie vorausgehen, zum Beispiel wenn das Pferd noch einen weiteren Ausweg hat und Sie ihm bei einer panischen Kurzschluss-Reaktion nicht im Weg stehen würden. Soll das Pferd jedoch zum Beispiel ins Wasser oder durch eine Engstelle mit festen Wänden gehen, ist es immer ungefährlicher, es zu schicken. Im ersten Fall behalten Sie immerhin selbst trockene Füße, im zweiten werden Sie nicht umgerannt, wenn das Pferd die Nerven verliert und seine Angst den Respekt vor Ihnen übersteigt. Das Schicken des Pferdes ist insgesamt deutlich sicherer für Sie, weil Sie weiter vom Pferd weg bleiben können und ihm nicht »im Weg« stehen.

Die Aufmerksamkeit des Pferdes fixieren

Erlauben Sie dem Pferd nicht, seine Aufmerksamkeit von dem Weg, den es nehmen soll, abzuziehen. Sie können leicht beobachten, dass das Pferd sich nicht mit der Möglichkeit, diesen unsicher

Kutschpferde brauchen ein gutes Angstbewältigungsprogramm, wenn sie gut kontrollierbar sein sollen.

scheinenden und deswegen Stress erzeugenden Weg zu gehen, auseinandersetzen will. Es dreht seinen Kopf von der vermeintlichen Gefahrenquelle weg und will sie nicht ansehen. Genau dazu müssen Sie das Pferd aber bringen. Es soll sich damit und mit Ihren Forderungen beschäftigen. Setzen Sie also alles ein, was Sie an Störfaktoren zu bieten haben, um die Aufmerksamkeit des Pferdes bei der Sache zu halten. Rucken Sie am Halfter, wenn es den Kopf wegdrehen will, positionieren Sie mit der Gerte oder dem Seilpropeller die Vor- oder Hinterhand neu, wenn es sich von dem vorgegebenen Weg entfernen will. Kurz – machen Sie alle Richtungen unbequem, die Sie nicht wollen. Wählen Sie einen Punkt auf dem zu überwindenden Hindernis aus, auf den Sie die Aufmerksamkeit des Pferdes (und seinen Blick) fixieren wollen und verhindern Sie auf jeden Fall durch Störaktionen, dass sich das Pferd eine kleine Entspannungspause verschafft, indem es in eine andere Richtung schaut. Es soll sich erst entspannen, wenn es das getan hat, was Sie als Ausbilder von ihm wollen. Die psychische Spannung, die damit aufgebaut wird, dass es sich beständig mit der eigenen Angst auseinandersetzen muss, wird ihm mit der Zeit genauso unangenehm wie eine körperliche Spannung.

Alle angstbesetzten Hindernisse können Sie in ähnlicher Weise trainieren. Am Beispiel einer Wippe will ich die Arbeitsschritte nach beiden Methoden – führen und schicken – beschreiben. Für die Arbeit unter dem Sattel gelten fast die gleichen Richtlinien wie für das »Schicken« des Pferdes, denn Ihre relative Position zum Pferd ist dabei fast identisch.

1. Führen: Bringen Sie das Pferd dazu, Ihnen in Ihrer Spur zu folgen. Das ist gar nicht so einfach. Gerade eine schmale Wippe ohne seitliche Begrenzung bietet dem Pferd genug freien Raum, Ihnen brav zu folgen, ohne dass es dabei einen Fuß darauf setzt. Es kann nämlich genauso gut nebenher laufen ohne direkt den Gehorsam zu verweigern. Führen Sie das Pferd an die Wippe heran. Bleiben Sie

Abhärten: Mit langem Hals und gespitzten Ohren geht das Pferd auf das Flatterband zu. Dieses Ding ist ihm gar nicht geheuer – doch es überwindet seine Angst.

selbst auf der Wippe stehen und drehen sich dabei zum Pferd um. Veranlassen Sie das Pferd durch Zug am Führseil, einen Fuß darauf zu setzen. Hat es den ersten Fuß darauf gesetzt, loben Sie es, lassen das Seil lose und das Pferd eine Weile ruhig stehen. Manche Pferde setzen zuerst nur probehalber einen Fuß auf die Wippe und nehmen ihn sofort wieder runter. Lassen Sie solchen Pferden genug Zeit, Vertrauen zum Untergrund zu bekommen

und forcieren Sie keine weiteren Schritte. Erst, wenn der erste Fuß sicher steht, fordern Sie es durch erneuten Zug auf, auch den zweiten Fuß auf die Wippe zu setzen. Loben Sie das Pferd und arbeiten Sie wie zuvor beschrieben weiter, bis alle Beine oben sind. Sie arbeiten dabei nach der Methode, mit der Sie das Pferd im Ausweichtraining

Neugierig wird eine Plane begutachtet.

dazu veranlasst haben, auf Druck im Genick nach vorne nachzugeben. Vorsicht ist beim Kippen der Wippe geboten. Manche Pferde erschrecken und machen einen Satz nach vorne, wenn sich auf einmal der Untergrund bewegt.

Hat das Pferd extreme Angst beim Kippen, so stellen Sie die Wippe anfangs fest, so dass sie nicht kippt. Beginnen Sie später mit einer nur leichten Kippbewegung, bis sich das Pferd daran gewöhnt hat. Weicht es seitlich aus, so bewegen Sie sich vor ihm in die Richtung, in die es ausweicht und veranlassen es, Ihnen mit Vor- oder Hinterhand nach der entgegengesetzten Seite auszuweichen. Sie können zusätzlich auch Gertensignale für die seitliche Steuerung verwenden. Besonders ängstliche Pferde können Sie zuerst quer, dann schräg und schließlich längs über die Wippe führen. Das Pferd soll die Wippe jedoch nicht überspringen, sondern langsam alle vier Beine darauf setzen. Das Überspringen ist in diesem Fall ein Ausweichmanöver des Pferdes: Es zieht seine Aufmerksamkeit kurzfristig von der eigentlichen Aufgabe ab.

Arbeiten Sie geduldig so lange, bis das Pferd Ihnen längs über die Wippe folgt. Halten Sie es schließlich auf der Wippe an und fordern einen kleinen Schritt

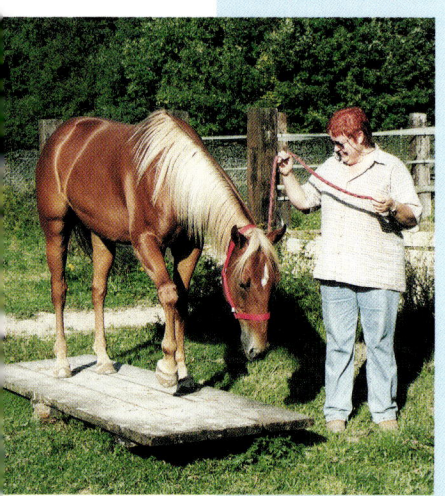

Über die Wippe. Das Pferd schaut aufmerksam hin, wohin es läuft.

rückwärts. Klappt das, so loben Sie wieder ausgiebig. Mit diesem Anhalten auf ehemals angstbesetzten Untergründen verringern Sie schließlich die Gefahr, dass das Pferd in ähnlichen Situationen die Nerven verliert und sinn- und planlos umherspringt.

2. Schicken: Wollen Sie Ihr Pferd über die Wippe schicken, so bleiben Sie neben ihm oder schräg hinter ihm und steuern es von der Seite oder von hinten. Im Ausweichtraining haben Sie dafür alle Steuerungsmechanismen erworben. Angenommen, Sie gehen links neben dem Pferd und wollen es über die Wippe schicken, die rechts liegt. Lassen Sie Vor- und Hinterhand des Pferdes seitlich nach rechts ausweichen, bis es direkt vor der Wippe steht. Dann bewegen Sie sich nach hinten schräg neben die Hinterhand des Pferdes und schicken es nach vorne wie beim Führen von hinten.

Will es den Schritt auf die Wippe vermeiden, indem es Ihnen zu weit nach rechts ausweicht und die Wippe zwischen sich und Sie bringt, so ziehen Sie seinen Kopf zu sich herüber. Sie verhindern damit erstens, dass es seine Aufmerksamkeit von der Wippe abzieht und zweitens, dass es Ihnen davonläuft. Lassen Sie dann das Pferd eventuell erst einmal einen schrägen Schritt über die Wippe auf Sie zu machen. Führen und Schicken laufen in vielen Bereichen ineinander. Reagieren Sie bei der Steuerung des Pferdes einfach situationsbedingt: abhängig von Ihrer relativen Position zum Pferd und von der Gefährlichkeit einer Aktion, die unter anderem von der Zahl der Auswege für das Pferd abhängt.

Wenn Ihnen Ihr Pferd vertraut, können Sie alle Übungen auch im Gelände trainieren, zum Beispiel bei Wasserdurchquerungen. Ganz nebenbei können Sie dabei auch das häufige Verladeproblem lösen.

Die richtige Haltung von Reiter und Pferd

Die richtige Haltung des Pferdes ohne unnötige Spannung

Um ohne unnötige Spannung unter dem Reiter zu gehen, muss das Pferd eine bestimmte Haltung einnehmen. Die richtige Haltung des Pferdes definiert sich über den so genannten Spannungsbogen. Dieser Spannungsbogen besagt, dass die Rückenlinie des Pferdes vom Schweif bis zum Genick gleichmäßig nach oben gewölbt sein sollte. Je nach Ausbildungsstand des Pferdes ist der Spannungsbogen beim jungen Pferd flacher oder beim älteren, versammelten Pferd stärker gewölbt. Es gibt deswegen Unterschiede in der jeweils richtigen Haltung. Der ungebrochene Spannungsbogen gibt Auskunft über die relative Spannungsfreiheit der Bewegungen eines Pferdes. Die Spannungsfreiheit ist relativ, weil natürlich eine gewisse dynamische Grundspannung vorhanden sein muss, sonst käme gar keine Bewegung zustande.

Überall dort, wo Brüche im Spannungsbogen auftreten, ist etwas nicht in Ordnung. Ein hochgerissener Kopf und Hals wölben den Bogen in die falsche Richtung, das Pferd drückt den Rücken nach unten weg, statt ihn nach oben zu wölben. Das verursacht negative Spannungszustände körperlicher und psychischer Art, denn diese Haltung nimmt es auch ein, wenn es fluchtbereit »auf dem Sprung« ist (siehe auch vorangegangene Abschnitte).

Eine »Stirnlinie« des Pferdes stark hinter der Senkrechten (ein falscher Knick in

> ## ! Spannungsbogen
> Alle Unterbrechungen des Spannungsbogens sind fehlerhaft und führen zu einer falschen Spannung im Pferdekörper, die Angstreaktionen fördert.

Der Verzicht auf scharfe Zäumungen und das Vorgehen mit der Hand zeigen, dass das Pferd ohne unnötige Spannung und ohne Spannungsunterbrechung in Haltung geht.

der Halswirbelsäule) unterbricht den Bogen vor seinem Ende am Genick des Pferdes. Eine nachschleppende Hinterhand, die nicht unter den Schwerpunkt von Reiter und Pferd tritt, unterbricht die Spannung im Bereich der Lendenwirbel. Spannungsunterbrechungen an einer Stelle erhöhen jedoch die Spannung an einer anderen Stelle. Diese Verspannungen im körperlichen Bereich führen zu Unbehagen, im schlimmeren Fall auch zu Schmerzen. Das Pferd fühlt sich unwohl unter dem Reiter oder bei der Boden- oder Longenarbeit. Das unbehagliche körperliche Gefühl verursacht wiederum ein psychisches Unbehagen. Und dieses psychische Unbehagen bietet vermehrte Angriffspunkte für die Angst.

Hilfszügel – nein danke

Hilfskonstruktionen mit verschiedenen Hilfszügeln, die eine »richtige« Haltung des Pferdes erzwingen sollen, sind kontraproduktiv. Sie führen in den meisten Fällen nur zu vermehrter Spannung, die sich schlimmstenfalls explosiv entladen kann, zum Beispiel in einem kapitalen Buckler, mit dem das Pferd die aufgestaute Spannung loswerden will.

Das beliebte Festhalten vorne mit Hilfszügeln bei gleichzeitigem kräftigen Sporeneinsatz hinten führt zu einem »Schraubstockeffekt«. Fühlt das Pferd sich so eingezwängt, ist falsche Spannung immer die Folge. Diese Spannung entlädt sich allerdings nicht immer in Bocksprüngen. Es gibt auch Pferde, die völlig blockieren und kaum noch vorwärts gehen. Abgesehen davon, dass beides für den Reiter nicht angenehm ist, ruiniert man auch die Gesundheit des Pferdes, vor allem seinen Rücken, wenn man es zwangsweise »zusammenzieht«.

Nicht nur beim Reiten, sondern auch bei der Longenarbeit kann auf Hilfszügel verzichtet werden, wenn Sie die Aufmerksamkeit Ihres Pferdes haben. Dieses Pferd ist auch ohne Hilfszügel an der Longe völlig im Gleichgewicht.

Taktrein vorwärts und rückwärts

Ein gutes Kriterium für spannungsfreies Reiten ist der Takt. Schritt im deutlichen Viertakt, Trab mit diagonaler Fußfolge im regelmäßigen Zweitakt und klarer Dreitakt im Galopp sind Gradmesser für eine Ausbildung ohne unnötige Spannung. Ein weiteres Kriterium ist das Rückwärtsrichten. Gelingt ein Rückwärtsrichten mit minimalen Signalen, mit freier lockerer Vorhand und untergesetzter Hinterhand (mit intaktem Spannungsbogen des Pferdes), dann ist das ein Zeichen dafür, dass das Pferd nicht gespannt oder blockiert ist.

Balance für sicheres und kontrolliertes Reiten

Die Bedeutung des Gleichgewichts beim Reiten ist immens. Erstens muss sich das Pferd mit dem zusätzlichen Gewicht des Reiters neu ausbalancieren. Zweitens muss der Reiter sein Gleichgewicht auf dem sich rhythmisch bewegenden Pferd finden und zwar immer wieder, für jede Übung und jede Gangart neu.

Taktrein und locker auch in den Seitengängen.

Das erfordert Übung, Gefühl und Reaktionsschnelligkeit und man braucht Zeit und Geduld. Ein unausbalanciertes, junges Pferd ist kein geeignetes Lehrpferd für einen unausbalancierten Anfänger, denn beide bringen sich buchstäblich gegenseitig aus der Balance. Das führt bei Pferd und Reiter zu Unsicherheiten und Ängsten, die später schwer wieder abzubauen sind.

Das äußere Gleichgewicht des Pferdes

Ein junges Pferd reagiert mit Angst und Unsicherheit auf die Störung seines Gleichgewichts. Es rennt schlimmstenfalls seinem eigenen Gleichgewicht hinterher bzw. dem störenden Reitergewicht davon. Das passiert vor allem dann, wenn

Eine instabile Phase im Galopp – die Einbeinstütze hinten. Nur ein ausbalanciert sitzender Reiter stört das Pferd in einem solchen Moment nicht.

es zu früh galoppiert wird. Der Galopp ist durch die Einbeinstütze und die Schwebephase extrem instabil. Das unter dem Reitergewicht noch nicht gut ausbalancierte Pferd wird versuchen, seine Beine möglichst schnell wieder auf den Boden zu bekommen. Dadurch wird die Frequenz des Galoppsprunges immer schneller, der Galopp selbst immer flacher, schneller und instabiler. Nicht nur das Pferd hat dann schließlich Angst, sondern auch berechtigtermaßen der Reiter – muss er doch befürchten, in der nächsten Ecke mitsamt dem Pferd hinzufallen. Ist das Pferd erst einmal aus dem Gleichgewicht geraten und zu schnell geworden, so hat der Reiter nur noch bedingt die Möglichkeit, es wieder zu verlangsamen. Lassen Sie es also gar nicht so weit kommen.

Das äußere Gleichgewicht des Reiters

Um auf Dauer angstfrei reiten zu können, müssen Sie zuerst lernen, Ihr eigenes Gleichgewicht den Bewegungen des Pferdes anzupassen. Sie müssen im Gleichgewicht sitzen lernen und dürfen nicht dem Impuls nachgeben, sich mit Händen oder Knien festzuhalten. Das Festklammern mit den Gliedmaßen gibt nicht mehr Stabilität, sondern bringt Sie im Gegenteil aus dem Gleichgewicht, was wiederum die berechtigte Angst vor dem Herunterfallen auslöst.

Der unabhängige Gleichgewichtssitz bietet dem Reiter sowohl genug Stabilität als auch die Möglichkeit, die Aktionen des Pferdes schnell zu erfühlen und sofort darauf zu reagieren. Die Kontrollmechanismen über die verschiedenen Hilfen greifen dann viel schneller und Sie brauchen einen Kontrollverlust nicht zu befürchten.

Spannungsreduzierung bedingt bessere Kontrolle

Zuviel Spannung im Sitz hebelt Sie erstens aus dem sicheren Sitz heraus und blockiert zweitens Ihre »Antennen« für das, was in dem Pferd unter Ihnen vorgeht. Sitzen Sie jedoch im Gleichgewicht, so entgeht Ihnen keine Spannungsveränderung und Sie haben länger Zeit einer unerwünschten Aktion zu begegnen. »Früherkennung« steigert die Effizienz aller Ihrer Kontrollmechanismen ungemein. Ist das Pferd erst einmal aus der Kontrolle geraten, haben Sie mit einem unsicheren Sitz oft kaum noch Möglichkeiten, es wieder unter Kontrolle zu bringen. Wenn Sie Glück haben, macht es nur einen schnellen Seitensprung und bleibt dann wieder stehen. Wenn Sie Pech haben, rennt es mit Ihnen über die nächste Straße. Die Angst vor einem Kontrollverlust ist also durchaus berechtigt – vor allem in Ballungsgebieten.

Die Angst vor dem Gleichgewichtsverlust

Sowohl Reiter als auch Pferd können das (äußere) Gleichgewicht verlieren. Das ist für beide eine angsteinflößende Situation. Beide haben nämlich Angst vor dem Kontrollverlust (Reiter) bzw. der Bewegungsunfähigkeit (Pferd). Und beide können sich gegenseitig hervorragend aus der Balance bringen.

Der Reiter kann durch Gleichgewichtsübungen, durch Sitzübungen an der Longe, seine Angst deutlich reduzieren, indem er seinen Sitz stabilisiert. Das kann er jedoch nur auf einem Pferd, welches ihn nicht durch eigene Gleichgewichtsprobleme oder unberechenbares Verhalten dauernd in einem Zustand der ängstlichen Anspannung hält.

Das Pferd muss durch gymnastizierende Ausbildung soweit geschult werden, dass es den Reiter ohne Angst vor Gleichgewichts-

Auch eine kritische Phase: Selbst bei diesem sehr gut ausgebildeten Pferd in der Galopptraversale kann man sich vorstellen, dass es aus der Balance kommen könnte, wenn die Reiterin nicht präzise ausbalanciert sitzen würde.

Reiter und Pferd im Gleichgewicht. Die Schwerpunkte liegen in dieser Wendung übereinander

verlust tragen kann. Das funktioniert wiederum nur, wenn der Reiter in der Lage ist, das Pferd in allen Gangarten verspannungsfrei zu reiten und es nicht durch eigene Gleichgewichtsprobleme ungewollt aus der Balance bringt und damit verunsichert.

Für die Ausbildung des Pferdes und seine Gewöhnung an die Arten von Hilfen, die es nicht von Natur aus versteht, wird jedoch bewusst eine Störung des Gleichgewichts als Lehrmethode eingesetzt. Die gezielte Störung des Gleichgewichts beim Pferd ist sogar ein zentraler Punkt der artgerechten Ausbildung.

Bewusste Störungen des Gleichgewichts können also vom Reiter für eine effektive Hilfengebung genutzt werden. Unbewusste, nicht vom Reiter beabsichtigte, Störungen lösen jedoch beim Pferd Angst und Unsicherheit aus, denn es kann sie nicht durch eine vom Reiter erwünschte Reaktion ausschalten. Es muss um sein Gleichgewicht fürchten, was besonders bei jungen oder schlecht ausbalancierten Pferden zu massiven Angstreaktionen führen kann.

Reiter und Pferd im Gleichgewicht

Das Reiten im Gleichgewicht stützt sich auf drei Hauptpunkte:

1. Das Pferd ist bestrebt, seinen Schwerpunkt unter den des Reiters zu bringen, um selbst im Gleichgewicht zu bleiben.

2. Der Reiter kann durch gezielte Verlagerung seines Schwerpunktes das Pferd beschleunigen, verlangsamen und seitwärts lenken. Nimmt der Reiter den Oberkörper leicht vor die senkrechte Normalposition, so verlagert er damit seinen Schwerpunkt nach vorne. Das Pferd folgt durch Verlagerung des eigenen Schwerpunktes nach vorne, das heißt es macht den Hals lang, tritt an oder beschleunigt. Verlagert der Reiter seinen Schwerpunkt zur Seite, so folgt das Pferd durch Abwenden in

diese Richtung. Kommt der Reiterschwerpunkt nach hinten, verlangsamt das Pferd. Das ist jedoch nur ein grobes Modell zur Steuerung und besonders die Verlangsamung funktioniert normalerweise nur in Verbindung mit anderen Hilfen.
3. Eine zu lange oder unangemessen starke Verlagerung des Schwerpunktes kann dazu führen, dass das Pferd Gegendruck aufbaut. Dieses Gegenstemmen ist eine mehr oder weniger starke Angstreaktion des Pferdes: Es hat Angst vor dem Verlust des Gleichgewichts. Es erzielt selbst durch eine richtige Reaktion keine Verbesserung seiner Situation. Vermeiden Sie also ein starkes und langes seitliches Herüberlehnen, ein Zurückwerfen des Oberkörpers weit hinter die senkrechte Normalposition und vor allem ein ständiges schiefes Sitzen.

Die Sitzposition des Reiters im Gleichgewicht

Der Sitz soll zweckmäßig und stabil sein. Richtig ist die Position, aus der heraus Sie am besten die Rückenbewegungen des Pferdes über Ihre eigene Wirbelsäule abfedern können und aus der heraus Sie am beweglichsten agieren können, um dem Pferd Signale über Gewichtsverlagerung, Zügel und Schenkeldruck zu geben. Versuchen Sie immer mit der geringstmöglichen Grundspannung im Körper in der Normalposition zu sitzen. Je mehr Spannung Sie aufbauen, bevor Sie Ihrem Pferd ein Signal, eine Hilfe geben, um so weniger Energie haben Sie nachher für die eigentliche Hilfengebung und vor allem die Kontrolle im Notfall übrig.

Bei einer effektiven Sitzposition sind möglichst alle Teile des Reiterkörpers senkrecht übereinander gelagert, so dass eine Federwirkung über die S-Form der Wirbelsäule des Reiters entstehen und die Position von Armen und Beinen in jede mögliche Richtung schnell variiert werden kann. Je nach Körperbau und Ausbildungsstand von Reiter und Pferd sind jedoch geringfügige Modifikatio-

! Spannung reduzieren

Reiten Sie Ihr Pferd »über den Rücken« und mit wenig Zügeleinwirkung, dann reduzieren Sie die Grundspannung und damit die Angstanfälligkeit.

Die Aufrichtung im Oberkörper des Reiters macht den Sitz stabil und gleichzeitig geschmeidig.

nen möglich oder nötig. Auch verschiedene Sättel setzen den Reiter in eine bestimmte Position, die dem Ziel der Ausbildung angemessen ist. Wanderreiter- und Westernsättel bringen durch hochgezogene Vorder- und Hinterzwiesel (Fork und Cantle) oft zusätzliche Sitzstabiltät, was »sicherheitstechnisch« gewisse Vorteile bietet.

Der sichere Normalsitz

Konzentrieren Sie sich auf Ihre Gesäßknochen. Sie sollten beide gleich stark spüren. Stellen Sie sich vor, Ihr Kopf wächst nach oben aus den Schulterblättern heraus. Lassen Sie ihn also nicht hängen und legen Sie ihn nicht schief zur Seite. Die Schultern fallen locker nach unten, nicht nach vorne! Drücken Sie nicht eine herunter oder ziehen eine hoch, denn damit sitzen Sie schief und bekommen auf einen Gesäßknochen mehr Gewicht. Die Oberarme hängen locker aus den Schultern herunter. Die Hände tragen Sie gleich hoch nebeneinander vor sich her, als ob Sie ein volles Glas mit Wasser balancieren wollten (... eine gute Übung zur Erlangung des ausbalancierten Sitzes). Vermeiden Sie einen Knick nach außen oder innen im Handgelenk. Auch das bedeutet schon eine unnötige hohe Grundspannung in der Muskulatur. Ein Verdrehen des Armes an einer beliebigen Stelle setzt sich bis in die Schultern fort und wirkt sich dort wieder auf die freie Beweglichkeit der Wirbelsäule aus. Machen Sie eine Zügel-Faust, bei der der Daumen oben ein kleines Dach bildet. Das ist die Haltung,

❗ Gleichgewichtssitz

Der ausbalancierte Sitz ermöglicht Ihnen, das Gleichgewicht des Pferdes nicht zu stören sowie Ihr eigenes zu erlangen und zu erhalten. Nur dann können Sie durch gezielte, kontrollierte Bewegungen Ihrer Gliedmaßen in Verbindung mit Schwerpunktverlagerungen das Pferd nach Ihren Wünschen beeinflussen und sicher kontrollieren.

die in der Normalposition die wenigste Anstrengung erfordert und eine unnötige Spannung in den Schultern und Armen verhindert.

Für die Beine und Füße gilt das Gleiche: keine unnötige Grundspannung aufbauen. Lassen Sie die Beine aus dem Oberschenkel heraus möglichst locker hängen und drehen Sie sie aus dem Hüftgelenk leicht nach innen. Damit verhindern Sie, dass Fußspitzen und Knie nach außen zeigen. Hüfte und Fußgelenk sollten dabei in einer Senkrechten liegen. Stellen Sie sich vor, an Ihren Fersen hängen Gewichte und ziehen sie herunter. Heben Sie aus dieser Position die Fußspitzen leicht an, so dass Sie eine leichte Spannung in der Wade spüren, denn nur dann haben Sie Kraft im Unterschenkel, um eine Hilfe in Form eines Schenkeldrucks zu geben.

Blockieren Sie jedoch die Federwirkung in Ihrem Fußgelenk nicht, indem Sie die Spitzen mit aller Gewalt anheben. Um den Steigbügel nicht zu verlieren, brauchen Sie etwas Spiel im Fußgelenk. Müssen Sie dauernd nach dem Steigbügel angeln, so fördert das nicht gerade Ihr Sicherheitsgefühl auf dem Pferd.

Versuchen Sie möglichst nicht, sich mit den Knien am Pferd festhalten zu wollen. Durch dieses »Klammern« erzeugen Sie zu hohe Spannung in beiden Oberschenkeln und hebeln sich regelrecht nach oben aus dem Gleichgewichtssitz heraus. Die Knie sollen fest und möglichst tief »am Platz« liegen und nicht hin und her bzw. hoch und runter rutschen. Das bedeutet jedoch nicht, dass sie immer mit starkem Druck an den Sattel gepresst werden. Sie werden nur bei Bedarf, zum Beispiel in Verbindung mit einer Parade, kurz »zugemacht«. Im Normalfall sollen Sie ausbalanciert auf Ihrem Allerwertesten sitzen und nicht auf den Knien bzw. auf den Oberschenkeln.

Gleichgewichts- verlust

Gleichgewichtsverlust führt zu Angstreaktionen: Balanceschwierigkeiten des Reiters verunsichern das Pferd, Gleichgewichtsprobleme des Pferdes verunsichern den Reiter. Beide bringen sich bei ungenügender Ausbildung gegenseitig aus dem Gleichgewicht.

Statt mit den Knien zu klammern, greifen Sie lieber bei Bedarf mit einer Hand an das Angstriemchen am Vorderzwiesel bzw. ans Sattelhorn oder auch ans Cantle bzw. den Hinterzwiesel, um sich wieder in den richtigen Balancesitz zu manövrieren, wenn Sie aus dem Gleichgewicht gekommen sind.

Stabilität durch »Wegfedern«

Noch ein Wort zur Federwirkung Ihrer Wirbelsäule: Die natürliche S-Form hat eine Mittelposition und zwei Endstellungen. Die Mittelposition nimmt sie in der Normalposition des Menschen auf dem stehenden Pferd ein. Sobald das Pferd sich bewegt, schwingt die S-Form von einer Endstellung über die Mittelposition in die andere Endstellung und wieder zurück.

Die erste Endstellung ist die Position, in der Sie mit einem leichten Hohlkreuz sitzen, die andere die, bei der das Wirbelsäulen-S im Lendenbereich fast gerade ist. Diese beiden Stellungen werden über die Stellung des Beckens erreicht. In der Hohlkreuzstellung kippen Sie den Beckenkamm leicht nach vorne und machen einen »Entenarsch«. In der geraden Stellung kippen Sie den Beckenkamm nach hinten. Ihre unteren Rippen nähern sich leicht den Beckenknochen, Ihre Bauchmuskeln spannen sich dabei leicht an. Verharren Sie in dieser geraden Stellung, dann blockieren Sie die Rückenbewegung des Pferdes. In der extremen Form machen Sie kurz eine Art »Eichhörchenbuckel« und stoppen damit das (ausgebildete) Pferd aus jeder Gangart.

Sitzen Sie nun beständig mit einem krummen Buckel oder mit einem Hohlkreuz, dann hängt Ihre Wirbelsäule in jeweils einer Endstellung fest und die Federwirkung geht verloren. Sie

Spannung im Sitz

Eine falsche Grundspannung im Körper des Reiters führt zu einem instabilen, weil nicht schmiegsamen Sitz, in der Folge zu unpräzisen Hilfen und zu einem schnelleren Gleichgewichts- und Kontrollverlust.

werden von der Rückenbewegung des Pferdes »geworfen« und brauchen viel Energie, um nicht herunterzufallen. Sie müssen sich also aufrichten und trotzdem locker bleiben, damit die Wirbelsäule frei zwischen den verschiedenen Positionen hin- und herfedern kann und damit Sie einen geschmeidigen, stabilen Sitz im dynamischen Gleichgewicht erreichen können.

Ohne diesen von der Bewegung des Pferdes »abgekoppelten« Sitz, den so genannten unabhängigen Sitz, können Sie keine präzisen Hilfen geben und der Sitz bleibt instabil. Ihre Kontrollmechanismen über die Hilfen sind deswegen zu langsam und unzureichend. Sie selbst bleiben unsicher und ängstlich.

Stabilität und Sicherheit im Sitz erreichen

Um das dynamische Gleichgewicht in den verschiedenen Gangarten zu erreichen, können Sie sich mit »Gedankenbildern« helfen und mit bewusster Konzentration auf Spannungen bzw. Spannungsfreiheit in Ihrem Körper.

Letzteres funktioniert besonders gut mit geschlossenen Augen bei Sitzübungen an der Longe, bei denen Sie sich um nichts als Ihren Sitz kümmern müssen. Eine bewusste Sensibilisierung auf Spannungen und die Qualität und Weichheit von Bewegungen durch Übungen aus der Feldenkraismethode ist dabei sehr hilfreich. Zudem ist Gymnastik auf dem Pferd in allen Gangarten ein Hilfsmittel, auf das Sie nicht verzichten sollten. Übungen wie Armkreisen, Rumpfbeugen – mit der linken Hand an den rechten Fuß und mit der rechten Hand an den linken Fuß – oder die Füße hinter den Sattel legen, um das Bein zu strecken, verhelfen jedem Reiter zu einem ausbalancierten und stabilen Sitz.

Der Sitz ist nur dann stabil, wenn er losgelassen und aufrecht ist. Der Zügel darf nicht dazu missbraucht werden, den Sitz stabiler zu machen.

Richtiges Leicht-
traben bringt
Stabilität und
Sicherheit.

Stabilität im leichten Sitz und im Leichttraben

Haben Sie Probleme mit dem Aussitzen, so können Sie über das Leichttraben und den leichten Sitz erst einmal eine bessere Stabilität erreichen, auch wenn das auf den ersten Blick paradox klingt. Beim Leichttraben berührt Ihr Gesäß nur bei jedem zweiten Trabtakt den Sattel. Im leichten Sitz kommt es überhaupt nicht in den Sattel. Federn Sie stattdessen über die Knie, Oberschenkel und Fußgelenke die Bewegungen des Pferderückens ab. Stabilisieren Sie dabei Ihren Oberkörper durch ein minimales Hohlkreuz – dieses ist nur im leichten Sitz und im Leichttraben erlaubt!

Stehen Sie beim Leichttraben nicht aktiv auf, sondern lassen Sie sich von der Aufwärtsbewegung des Pferderückens »hochheben«. Dabei knickt der Oberkörper ganz leicht in den Hüftgelenken nach vorne ab, so dass ein kleiner Teil Ihres Gewichts auf den Oberschenkeln ruht. Knie und Hüftgelenke dienen als Drehpunkte. Der Oberkörper bleibt zwischen Schultern und Hüften in sich gerade und leicht vorwärts orientiert. Strecken Sie das Gesäß ganz leicht nach hinten heraus. Beim nachfolgenden Trabtakt setzen Sie sich wieder hin. Lehnen Sie sich dabei auf keinen Fall zurück – dabei können Sie leicht das Gleichgewicht verlieren, »hinter die Bewegung« geraten und dabei Ihre Stabilität einbüßen. Lassen Sie stattdessen Ihr Gewicht leicht auf den Oberschenkeln und berühren Sie mit den Gesäßknochen nur kurz den Sattel, bevor Sie sich wieder hochheben lassen.

Je flotter das Pferd im Leichttraben vorwärts geht und je länger es seinen Hals vorwärts-abwärts streckt (je weiter sein Schwerpunkt nach vorne kommt), umso stärker kann Ihr eigener Oberkörper nach vorne von der Senkrechten abknicken. Hängen Sie Ihrem Pferd jedoch nicht wie ein Sack auf der Schulter. Geht das Pferd versammelter und langsamer, so richten Sie den Oberkörper mehr auf.

Leichter Sitz im Trab: Zwischen dem leichten Sitz und dem Leichttraben bestehen nur geringe Unterschiede – auch in der Stabilität. Ticken Sie im flotteren Leichttraben beim Einsitzen den Sattel mit dem Gesäß nur noch kurz an, so bleiben Sie im leichten Sitz mehr auf dem Oberschenkel und balancieren sich gleichmäßig über das Dreieck Hüft-, Knie- und Fußgelenk aus. Ihr Gesäß kommt nicht mehr direkt in den Sattel. Ihr Gewicht ruht zum größten Teil auf den Oberschenkeln und nur zum geringeren Teil in den Bügeln. Stehen Sie auf keinen Fall mit durchgedrücktem Knie im Bügel, denn so haben Sie keinerlei Stabilität.

Das Knie ist der Fixpunkt für die Balance im leichten Sitz. Es sollte nicht verrutschen. Das verhindert der Knieschluß durch Anspannen der inneren Oberschenkelmuskeln (Adduktoren). Der leichte Sitz ist die Ausnahme von der Regel, was die Spannung in den Adduktoren angeht. Führt deren andauernde Spannung ausgesessen zum falschen Klammern und zur Instabiltät des Sitzes, so brauchen Sie im leichten Sitz eine leichte Spannung im Oberschenkel zur Stabilisierung.

Leichter Sitz im Galopp: Die Galoppbewegung des Pferdes wird dabei vom Reiter mit einer leicht rollenden Bewegung des Beckens und der Hüfte von unten nach oben unterstützt. Lenden- und Bauchmuskel steuern die Intensität des Hohlkreuzes. Rollt das Becken nach oben, verschwindet das Hohlkreuz, um wieder zu erscheinen, wenn die Rollbewegung zu Ende ist. Die Stellung der Lendenwirbelsäule verändert sich beim rhythmischen Mitschwingen im leichten Sitz fast genauso wie beim Aussitzen, nur dass das Gesäß nicht in den Sattel kommt. Den leichten Sitz durch Stehen im sehr kurzen Bügel mit rundem Rücken sieht man bei Jockeys und kommt für den Freizeitreiter nicht in Frage.

Der Rennsitz ist instabil und nur für die Rennbahn geeignet.

Hilfensysteme für eine sichere Kontrolle des Pferdes

Wenn Sie ausbalanciert sitzen, haben Sie als Reiter einige Möglichkeiten, auf das Pferd kontrollierend einzuwirken: Die bewusste Gewichtsverlagerung – die Einwirkung über Schenkeldruck an verschiedenen Punkten – die Einwirkung über die Zügel – die Beeinflussung durch Ihre Stimme.
Auf manche von diesen Signalen reagiert das Pferd, ohne dass man sie ihm explizit beibringen muss, andere muss es erst lernen.

Natürlich und angelernt

Zu den natürlichen Hilfen gehören alle einfachen (unkombinierten) Gewichtshilfen. Das Pferd reagiert instinktiv auf sie, um seine eigene Balance zu wahren.
Der seitwärts wirkende Zügel (der innere, stellende oder auch direkte Zügel) gehört bedingt dazu, denn ihm folgt das Pferd normalerweise in eine Wendung, um einem Druck im Maul zu entgehen. Dass es das im höheren Tempo manchmal nicht tut, hängt mit Gleichgewichtsproblemen zusammen.
Auch auf einfache kombinierte Signale wie zum Beispiel ein seitliches Abwenden mit innerem, direktem Zügel plus Gewichtsverlagerung nach innen reagiert das Pferd im Schritt oder im langsamen Trab noch in natürlicher Form durch Abwenden und Stellen des Kopfes in die Wendung. Bei den in schnellerer Gangart wirkenden Zentrifugalkräften kommt der Reiter jedoch ohne die komplizierteren und besser kontrollierenden Hilfenkombinationen aus natürlichen plus angelernten Hilfen kaum aus.
Der Tonfall bei einer verbalen Hilfe gehört zu den natürlichen Signalen. Das eigentliche Wort bei einer Stimmhilfe ist zwar eine angelernte Hilfe, der Tonfall

aber verrät dem Pferd sehr viel über die Emotionen des Sprechenden. Ärger, Angst, aber auch Ruhe und Sicherheit drücken sich in der Stimme aus und das Pferd reagiert sensibel darauf.

Alle körpersprachlichen Signale, die Sie in der Bodenarbeit und den darauf aufbauenden Desensibilisierungs- und Gewöhnungsprogrammen verwenden, gehören zu den natürlichen Hilfen. Nur in Verbindung mit diesen Signalen gelingt es Ihnen, dem Pferd bei der Bodenarbeit die Bedeutung verschiedener Worte (Kommandos) beizubringen.

Nur das gebogene Pferd kann gerade gerichtet werden und reagiert gut genug auf den äußeren kontrollierenden Zügel.

Die Reaktion des Pferdes auf angelernte Hilfen

Sie trainieren dem Pferd in der Ausbildung neue Reflexe an – nämlich die von Ihnen gewünschten Reaktionen auf Signale. Wenn das neue Signal oft genug wiederholt wurde und das Pferd sicher reagiert, so haben Sie neben einer ausgefeilteren Kommunikation mit dem Pferd auch ein zusätzliches Kontrollinstrument etabliert. Das brauchen Sie sowohl für die bessere Gymnastizierung des Pferdes als auch für dessen sicherere Beherrschung.

Angelernte Hilfen sind vor allem der Schenkeldruck, den das junge Pferd noch nicht kennt. Beim Schenkeldruck etablieren Sie verschiedene »Druckpunkte« am Bauch des Pferdes, so dass das Pferd mit der Zeit aufgrund der Lage des Schenkels und der Intensität des Drucks zwischen seitwärts treibendem, vorwärts treibendem und verwahrendem Schenkel unterscheiden lernt sowie auch zwischen innerem und äußerem Schenkel.

Angelernte Hilfen sind weiterhin alle verbalen Hilfen mit einzelnen Worten. Die falsche Stimmlage kann jedoch ein Wortkommando ad absurdum führen, wenn Sie zum Beispiel hektisch das Kommando »Langsam« schreien, statt es mit tiefer, beruhigender Stimme zu geben.

Die Reaktion auf den kontrollierenden äußeren Zügel bzw. den an den Hals angelegten Druckzügel der Westernreiter (die diagonale Kontrolle) ist eine angelernte Hilfe, die sich aus einer frühen Kombination mit dem seitwärts wirkenden inneren Zügel und der Gewichtsverlagerung ergibt.

Um das Pferd zu gymnastizieren, brauchen Sie ein möglichst komplettes Hilfenrepertoire aus Gewichts-, Zügel- und Schenkelhilfen und Stimme, also angelernte und natürliche Hilfen. Das Gleiche gilt für die sichere Kontrolle: Je besser und feiner ein Pferd auf kombinierte Hilfen reagiert, umso besser ist Ihre Kontrolle. Sie können schließlich ein gut ausgebildetes Pferd, das sich – aus welchen Gründen auch immer – aufregt, durch richtige Hilfenkombinationen, die es dazu bringen, den Kopf tief zu nehmen, wieder entspannen.

Damit der Reiter gut mit dem Zügel kontrollieren kann, muss das Pferd ihn annehmen.

Das Pferd oben wehrt sich gerade gegen die Zügeleinwirkung – unten streckt es sich zufrieden an die Hand.

Biegung als Grundlage für gute Kontrolle

Nur ein Pferd, welches Sie auf beiden Seiten gleichmäßig gut biegen können, können Sie auch geradeausreiten. Die Längsbiegung, insbesondere die Seitengänge, geben Ihnen zudem ein exzellentes Kontrollinstrument in die Hand, um ein Pferd daran zu hindern, mit hohem Kopf herumzugucken und sich einen Grund zum Erschrecken zu suchen. Besonders das Schulterherein bietet Ihnen die Möglichkeit, die Aufmerksamkeit des Pferdes zurückzuholen und seinen Rücken zu entspannen. Jede Biegung erfordert im Prinzip die gleiche Hilfenkombination, egal ob es sich um einen einfachen Zirkel, eine Korrekturübung oder um eine Galopptraversale han-

Hilfen

Erst nach dem Erlernen eines umfangreichen Hilfenrepertoires können Hilfen wieder minimiert und zu Kürzeln zusammengefasst werden. Andernfalls bleibt die Kontrolle über das Pferd mangelhaft.

delt. Sie brauchen eine »Hilfendiagonale« aus innerem treibenden und äußerem verwahrenden Schenkel, dazu den inneren stellenden Zügel und den äußeren kontrollierenden. Außerdem muss eine Gewichtsverlagerung des Reiters in Bewegungsrichtung des Pferdes erfolgen.

Wichtig ist die Gleichmäßigkeit der Biegung. Das Pferd darf im Hals nicht stärker gebogen sein als im restlichen Körper. Wie beim Spannungsbogen der »Oberlinie« ist auch die Längsbiegung nur richtig, wenn sie keinen Knick oder Bruch aufweist. An jedem Knick kann sich das Pferd den Hilfen des Reiters entziehen.

Das Pferd muss den Zügel annehmen, um kontrollierbar zu sein

Eine wichtige Voraussetzung bei der Etablierung der Hilfen muss auf jeden Fall erfüllt sein, damit Sie Ihr Pferd sicher kontrollieren können: Das Pferd darf sich nicht gegen eine kontrollierende Zügelhilfe wehren. Es muss gelernt haben, den Zügel »anzunehmen« und sich auf eine verhaltende Zügeleinwirkung zusammenzuschieben, so dass ein intakter Spannungsbogen erhalten bleibt. Kommt die Nase des Pferdes zu stark hinter die Senkrechte (hinter den Zügel) oder über die Senkrechte (über den Zügel), so »zerbricht« der Spannungsbogen und die Kontrolle funktioniert nicht mehr sicher. Ein Pferd, das durchgehen oder bocken will, wird dem Reiter entweder die Zügel aus der Hand reißen oder sich drauflegen. Beides dürfen Sie ihm nicht erlauben.

Eine effektive Gegenreaktion des Reiters kann jedoch nur erfolgen, wenn das Pferd in der Ausbildung gelernt hat, den Zügel als Kontrollinstrument zu akzeptieren, und wenn der Reiter die Absicht des Pferdes rechtzeitig erkennt und reagiert.

Um das Pferd dazu zu bringen, den Zügel anzunehmen, dürfen Sie ihm keine Möglichkeit geben, eine Stütze im Zügel zu finden und einen Gegendruck aufzubauen, sich auf den Zügel zu legen. Aus die-

!

Biegung

Wenn Sie das Pferd nicht biegen können, können Sie es auch nicht geraderichten, nicht korrigieren und nur schlecht kontrollieren.

sem Grund dürfen Sie nie dauerhaft am Zügel ziehen. Einen Ziehkampf mit dem Pferd können Sie kräftemäßig nur verlieren. Jede Zügelhilfe wird deswegen in der Intervalltechnik gegeben: Annehmen-Nachgeben-Annehmen-Nachgeben und das Ganze noch möglichst einseitig seitwärts wirkend. Dem seitwärts wirkenden Zügel kann sich das Pferd schlechter durch Hochnehmen des Kopfes entziehen. Die Reaktion auf den äußeren kontrollierenden Zügel ergibt sich erst aus der Reaktion auf den seitwärts wirkenden inneren Zügel. Er begrenzt die seitliche Abstellung des Pferdes im Hals, die der stellende innere Zügel verursacht, und kontrolliert so zusammen mit Gewicht und Schenkelhilfen die Stärke einer Biegung und die Bewegungsrichtung des Pferdes. Nur durch diese angelernte Kontrollfunktion in der Biegung wird der äußere Zügel überhaupt zum Kontrollzügel. Stimm- und Gewichtshilfen sowie die angelernten Schenkelhilfen unterstützen die Zügelhilfen. Fordern Sie mit einfachen Zügelsignalen nie etwas, was das Pferd noch nicht kann. Einem ungymnastizierten Pferd ein Anhalten aus dem Galopp abzuverlangen ist Unsinn und fordert Widersetzlichkeit geradezu heraus.

Das Pferd auf Ihre Signale sensibilisieren

Vermindern Sie den Krafteinsatz beim Reiten – dann wird Ihre Kontrolle besser. Ein leichter Reiz, der oft wiederholt wird, setzt die Reizschwelle herab, während eine einfache langanhaltende Druckverstärkung die Reizschwelle heraufsetzt. Wiederholen Sie ein schwaches Signal immer wieder, so reagiert das Pferd anfangs auf das siebte oder achte, später aber schon auf das erste. Und mit der Zeit immer sicherer auf das erste. Verstärken Sie jedoch eine Hilfe immer mehr, so brauchen Sie mit der Zeit zunehmend mehr Kraft für die gleiche Reaktion des Pferdes. Jedes Pferd wird Ihre Signale irgendwann ignorieren, wenn diese sich auf reine Kraft stützen. Es wird sie vor allem dann ignorieren, wenn es Angst hat und Ihnen nicht genug vertraut.

Auf einen Blick
Maßnahmen für die Angstbewältigung

- Kenntnisse in Psychologie und Verhalten des Pferdes erwerben.
- Die Sprache des Pferdes lernen.
- Die Logik innerhalb des Kommunikationssystems zwischen Reiter und Pferd verstehen.
- Die Wahrnehmung und das Beurteilungsvermögen verbessern, bewusst »Sehen lernen«.
- Inneres und äußeres Gleichgewicht erlangen.
- Koordinationsfähigkeit und Bewegungsgefühl verbessern.
- Reflexe und schnelle Reaktionen trainieren.
- Eigene Ängste bewusst machen, souverän mit der Angst umgehen.
- Eigene Fähigkeiten realistisch einschätzen.
- Ungeduld zügeln, Jähzorn und Wut kontrollieren.
- Ängste beim Pferd verstehen, Angstreaktionen erkennen und durch Ausbildung vermeiden.
- Konsequent, fair, folgerichtig, bewusst und schnell handeln.
- Reduzieren der Arbeit auf handhabbare Übungen, das Pferd nicht provozieren.

Alle Maßnahmen zur Bewältigung der Angst basieren auf dem Grundprinzip von Balance und Entspannung auf der psychischen und physischen Ebene.
Psychische und körperliche Ebene stehen in einer direkten Wechselwirkung.
Reiter und Pferd beeinflussen sich gegenseitig.

Insgesamt haben wir deswegen für die Angstbewältigung folgende Angriffspunkte, die alle ineinander greifen:

- Psychische Entspannung des Pferdes – Vertrauensaufbau, Sicherheitsgefühl, Gewöhnung und Desensibilisierung.
- Körperliche Entspannung des Pferdes – Gymnastizierung, Dehnen der Rückenlinie, Senken des Kopfes in die Entspannungshaltung.
- Psychische Entspannung des Reiters über diverse Entspannungstechniken.
- Körperliche Entspannung des Reiters – Grundspannung im Sitz auf das nötige Minimum reduzieren. Verspannungen und Haltungsfehler bewusst machen und korrigieren.

Die Deutsche Bibliothek –
CIP-Einheitsaufnahme

Ein Titeldatensatz für diese Publikation ist bei Der Deutschen Bibliothek erhältlich.

Bildnachweis
alle Fotos Diacont bis auf:
Wilhelm Löwenstein: S. 40 – Martina Belzer: S. 26 – Dagmar Wirsing: S. 2 links+rechts, 5, 45 –
Karl-Heinz Ploch: S. 25, 31 (alle Archiv Diacont) – Ramona Dünisch: S. 1, 6 unten, 9, 38, 55
Umschlagfotos: Titelfotos: rechts oben: Lothar Lenz
                Alle anderen Ramona Dünisch
                Rückseite: Christiane Slawik

Umschlaggestaltung: Studio Schübel, München
Layout: Parzhuber & Partner, München
Lektorat: Manuela Stern
Herstellung: Angelika Tröger
Layoutumsetzung: Uhl + Massopust, Aalen

Vielen Dank für die Hilfe beim Erstellen der Fotos an: Martina Belzer, Rachel Closset, Karin
Anders, Karl-Heinz Ploch, Dagmar Wirsing, Wilhelm Löwenstein, Christiane Sturm, Juana
Kißner, Britta Rasche, Melanie Ellenbrand, Ramona Dünisch, Hanna Rietema

BLV Verlagsgesellschaft mbH München Wien Zürich
80797 München

© 2002 BLV Verlagsgesellschaft mbH, München

Druck und Bindung: Fotolito Longo, Bozen

Printed in Germany · ISBN 3-405-16263-7